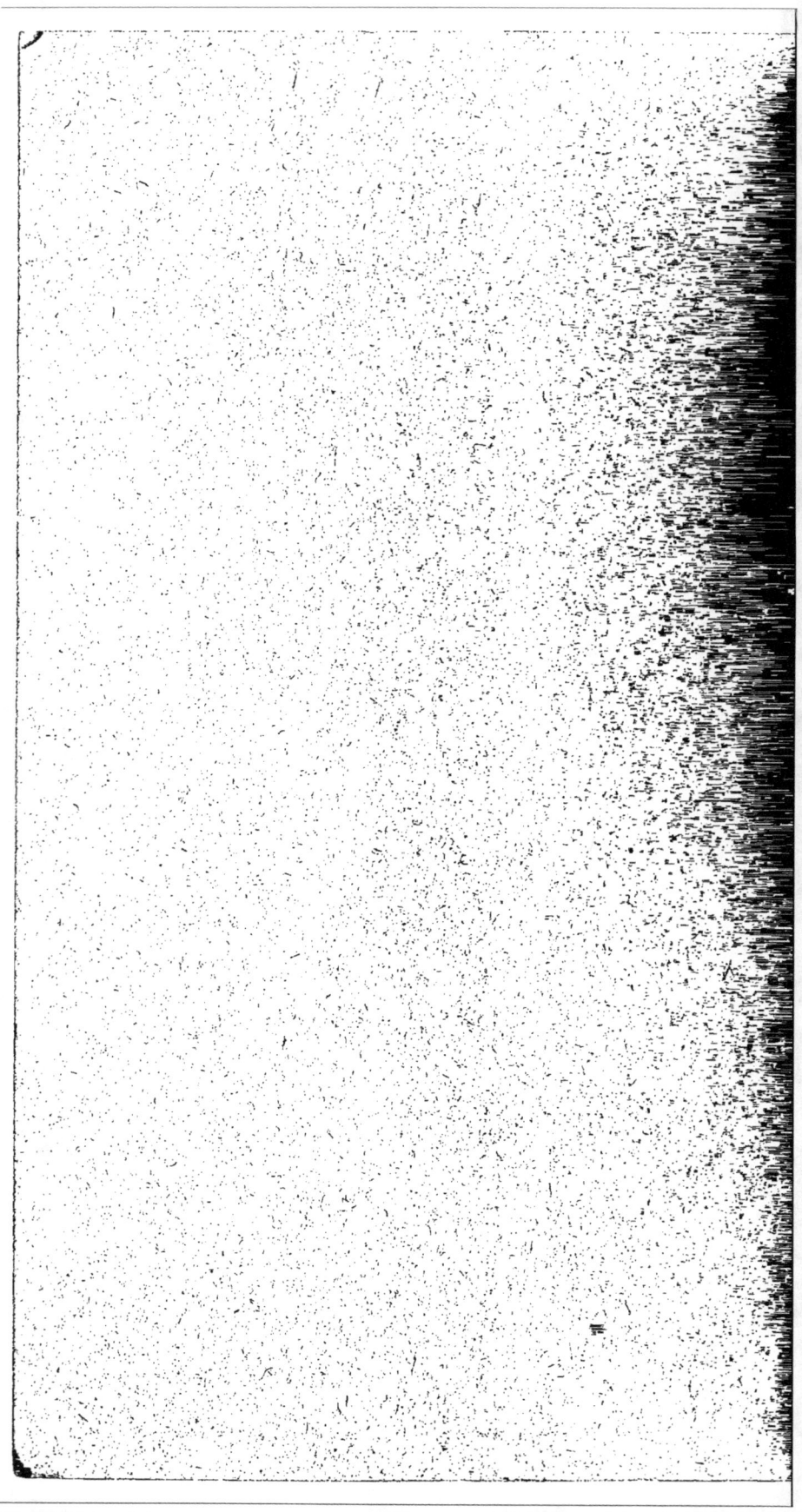

LA GUERRE
DE LA VALLÉE D'ASPE
VILLE DE LESCUN

PAR

LE LIEUTENANT SCHMUCKEL
DU 18ᵐᵉ D'INFANTERIE

Prix : 2 francs.

PAU
IMPRIMERIE STÉRÉOTYPE GARET, RUE DES CORDELIERS, 11
J. EMPERAUER, IMPRIMEUR
1866

LA GUERRE
DANS LA VALLÉE D'ASPE
ET
LA BATAILLE DE LESCUN

LA
GUERRE DANS LA VALLÉE D'ASPE
ET LA
BATAILLE DE LESCUN

PAR

LE LIEUTENANT SCHMUCKEL

DU 18ᵐᵉ D'INFANTERIE

AVEC UNE CARTE DU THÉATRE DE LA GUERRE

DU LIEUTENANT DUFAURETS

Prix : 2 francs.

PAU

IMPRIMERIE-STÉRÉOTYPIE GARET, RUE DES CORDELIERS, 11
J. EMPERAUGER, IMPRIMEUR

1900

AVANT - PROPOS

Cet avant-propos n'a d'autre but que d'indiquer les sources auxquelles j'ai puisé pour mener à bien l'histoire de cette partie des Pyrénées, commencée au Fort Portalet en 1895 et terminée à Pau en janvier 1900.

La montagne m'a été particulièrement clémente pendant les étés de 1895 et 1898 et j'ai profité de la fraîcheur relative qu'on y trouve à cette époque de l'année pour visiter en détail toute la pittoresque et verdoyante vallée d'Aspe. J'en ai parcouru tous les chemins, ce qui est bien vite fait, et à peu près tous les sentiers, ce qui correspond à de longues heures de marche. Mais je n'ai pas fait que courir la montagne, je me suis attardé dans les coquets villages, j'ai fouillé dans les vieux papiers des mairies et des maisons particulières, et j'ai eu l'extraordinaire bonne fortune de retrouver d'antiques documents, de vieilles notes jaunies, des lettres très anciennes, maculées et déchirées, qui m'ont conduit de la connaissance de la Vallée, de ses mœurs et de ses coutumes, à celle de son histoire, un peu vague et confuse au point de vue politique, mais plus précise et un peu plus détaillée au point de vue militaire.

Poussé par mon amour des recherches et par le plaisir que j'éprouvais à chaque découverte nouvelle, à chaque détail intéressant venant s'ajouter aux autres, j'ai été jusqu'à mettre à contribution les autorités de la Haute-Vallée, comme j'avais déjà rançonné les particuliers ; plus tard même, mes recherches m'ont conduit à Oloron. En dernier lieu, j'ai puisé aux trésors de la Bibliothèque de Pau et aux Archives départementales, et, grâce à l'extrême obligeance de M. Soulice, bibliothécaire en chef, et de M. de Loye, archiviste, j'ai été entièrement et rapidement mis au courant de ce qu'ils pouvaient contenir d'intéressant pour ce récit.

L'étude des invasions et passages de troupes m'a particulièrement passionné et les documents consultés m'ont permis de reconstituer plus ou moins complètement l'histoire des incursions et des occupations étrangères entre la frontière et Oloron. Mais, grâce à quelques bonnes volontés individuelles, dont je parlerai plus loin, c'est surtout l'histoire de la si intéressante et si brillante campagne de 1794 que j'ai, je crois, réussi à retracer.

Ce n'a pas toutefois été sans peine qu'il m'a été possible, pour cette campagne, de rassembler des documents présentant de suffisants caractères d'authenticité.

Pour toute la partie antérieure à la Révolution, j'ai puisé dans la « Chronique de la ville et du diocèse d'Oloron » de l'abbé Menjoulet, dans l' « Histoire du Béarn » de Marca, dans celle du « Béarn et de Navarre » de Bordenave ; dans les « Observations pour servir à l'Histoire naturelle et civile de la vallée d'Aspe » de Palassou, et dans les remarquables « Essais historiques sur le Béarn », de Faget de Baure. Quelques renseignements de moindre importance concernant cette même époque et celle de la Révolution m'ont été fournis par les Archives de la Préfecture et la Bibliothèque de la ville de Pau. J'ai aussi, et tour à tour, relié connaissance avec Tite-Live et Duruy, César et Guizot, Voltaire et Henri Martin ; je dois également beaucoup à la Société Anonyme de ces gens de lettres et militaires, qui, en 1820, eurent l'heureuse idée de publier les « Victoires et Conquêtes des Français ».

Les mairies d'Accous et de Borce possèdent quelques vieux registres de délibérations qui m'ont procuré des détails aussi intéressants qu'incontestablement vrais. Quant aux mairies de Lescun et d'Urdos, elles devaient sûrement renfermer de véritables richesses au point de vue spécial de l'Invasion de 1794, mais elles ont été détruites par des incendies, la première en 1835, la seconde en 1881 et leurs archives n'ont pu être sauvées. On ne trouve de documents intéressants dans aucune autre des communes de la Vallée. Osse, qui en avait, les a vu disparaître presque tous dans un incendie.

Les relations sur la bataille de Lescun, toutes très incomplètes et se contredisant presque d'un bout à l'autre, ne manquent pas ; il en existe trois dans la seule collection du *Mémorial des Pyrénées* de la Bibliothèque de Pau ; quelques autres, empruntées à des auteurs anonymes, ne concordent pas davantage.

Le récit d'une partie de la bataille (côté du pic de Burcq) fait par un témoin oculaire, le sergent Larricq, d'Athas, et conservé pieusement dans la famille de ce brave soldat, m'a donné des renseignements plus précis et qui paraissent en même temps plus vraisemblables.

Enfin, l'excellent ouvrage de M. Alfred Cadier, sur la Vallée d'Aspe, m'a également fourni un certain nombre d'intéressants détails et mis sur la trace de quelques autres.

Mais, c'est surtout grâce à l'extrême obligeance de quelques habitants du haut Béarn, au premier rang desquels je dois citer Monsieur le Maire d'Accous, Conseiller d'arrondissement, Monsieur le Maire de Borce, M. Harréguy, juge de paix de Bedous, que je crois avoir réussi à démêler la vérité dans ce chaos de récits contradictoires. Comme je le disais plus haut, j'ai eu l'autorisation de faire des recherches, même dans des papiers de famille, dans des lettres intimes, des notes et des carnets plus vieux les uns que les autres.

De l'autre côté de la frontière la confraternité d'armes m'a ouvert toute grande la porte d'un savant et remarquable officier supérieur de l'armée d'Espagne, que j'ai eu l'honneur de rencontrer dans un voyage en Aragon. Monsieur le colonel don Francisco Jimeno y Saco, du corps des Ingénieurs (génie militaire) de Jaca a bien voulu faire des recherches aux archives de plusieurs Académies militaires espagnoles et à Madrid, et m'a, entre autres renseignements précieux, fourni une notice des plus intéressantes sur le comte de Castelfranco, l'envahisseur de 1794.

En résumé, j'ai cherché à ne rien avancer qui ne fut complètement exact et, comme il est fort difficile d'atteindre pareil résultat, je n'ai fait qu'effleurer les parties de mon sujet dont je n'étais pas absolument sûr.

Si le récit qui va suivre, en servant de monument à la mémoire de tous les braves tombés pour la défense du sol sacré de la Patrie, contribuait à l'éducation patriotique des jeunes générations aspoises, mes efforts auraient atteint leur but. Mais je serais bien plus heureux encore si un monument, un mausolée ou une simple plaque commémorative, voire même une fête annuelle, venaient constamment ou périodiquement rappeler aux petits-fils des vainqueurs du 15 fructidor an II qu'ils auraient un superbe patrimoine d'héroïsme à faire revivre, le jour où la Patrie française dans un supprême appel, les convoquerait pour sa défense.

Avant de terminer cet avant-propos, je tiens à remercier tout particulièrement mon ami, Monsieur le lieutenant Dufaurets, topographe émérite, qui a bien voulu dresser la carte indispensable pour bien suivre et bien comprendre les opérations de 1794.

— I —

Histoire militaire de la Vallée jusqu'au XVIIᵉ Siècle.

Comme nous le verrons plus loin, l'Histoire militaire de la Vallée d'Aspe ne commence réellement qu'en 1513, époque à laquelle Ferdinand le Catholique, maître de toutes les Espagnes à l'exception du Portugal et de la Navarre, convoitait cette dernière et méditait une invasion de la Guyenne. Jusqu'alors les sauvages montagnes du haut Béarn n'avaient été que le théâtre de petites guerres, de luttes locales, dont le souvenir s'est transmis de génération en génération, mais sur lesquelles les manuscrits, parchemins et autres documents sont assez rares.

Par contre, le chemin de la Vallée, impraticable cependant, sauf sous l'occupation romaine, aux lourds et grossiers chariots d'autrefois, a souvent servi de voie d'invasion secondaire, d'abord aux hordes barbares et, plus tard, aux armées organisées qui allaient porter la désolation tantôt d'un côté des Pyrénées, tantôt de l'autre.

Il semble à peu près certain que pendant l'été de

l'année 218 avant Jésus-Christ, un détachement de cette armée carthaginoise, qui allait mettre Rome à deux doigts de sa perte, aurait séjourné dans la Vallée ; il relevait lui-même du corps de dix mille fantassins et mille cavaliers qu'Annibal avait laissés aux ordres de son frère Hannon pour garder le passage des Pyrénées. Urdos et Etsaut, près desquels se trouvaient les Échelles d'Annibal (Scalæ Annibalis), auraient été les deux points occupés de ce côté du Somport (Urdos était d'ailleurs l'endroit, d'après Strabon, où l'on forgeait et trempait les meilleures armes). Énorgueillissez-vous lieutenants et soldats du 18e qui commandez et servez dans cette partie des Pyrénées : Vous êtes investis du même honneur que les hardis compagnons d'Annibal, vos devanciers dans la Vallée !

Cinquante ans avant Jésus-Christ, le jeune Crassus, lieutenant de César, après une pénible campagne, s'empara de tout le pays compris entre la Garonne et les Pyrénées sauf quelques hautes vallées, dont celle d'Aspe. La présence de César lui-même fut, dit-on, nécessaire pour soumettre ces peuplades montagnardes (49 av. J.-C.).

Dans les premiers temps de notre ère, les Romains construisirent dans les gorges boisées du gave d'Aspe et de l'Aragon une de ces belles voies comme on en retrouve tant dans notre pays de France. Véritable route stratégique (due au travail des légions romaines) et semblable à celles que nos chasseurs Alpins font serpenter sur les hauteurs dénudées des Alpes, celle-là reliait Lescar (Beneharnum) à Saragosse (Cæsar Augusta). D'après Duruy, qui en donne le tracé dans son Atlas historique, elle traversait Forum Gallorum (Guerrea), Ebellinum (Ayerbe), Summus Pyrenæus (Somport), Aspaluca (Accous) et Illuro (Oloron) d'où elle gagnait Beneharnum ; elle comptait, d'après l'itinéraire d'Antonin, 112 mille romains, et passait, en outre, à 70 milles d'Aspaluca, à Forum ligneum (Urdos ou Etsaut). De nos jours, on n'en a trouvé d'autres traces qu'une inscription au pont d'Escot et une pierre milliaire au Somport. Un savant anglais fit à cette heureuse pierre l'honneur d'un London-Urdos aller et retour, et après avoir constaté de visu son authenticité ainsi que celle de l'inscription :

L. VAL. VERNUS. CER. II. VIR. BIS. HANC. VIAM. RESTITUIT. IA. MIIIXIV. AMICUS

retourna dans son île, regrettant beaucoup moins de changer le beau ciel des Pyrénées pour les brouillards de la Tamise, que de n'avoir pu annexer à la vieille Angleterre le trésor archéologique dont tant de passants profanes font si peu de cas. Comme il n'avait pu l'enlever, il lui dédia un volumineux mémoire qui compte certes plus de pages que de lecteurs.

Il est hors de doute que cette voie fut suivie de 406 à 419 par les différentes invasions et par les grandes migrations des barbares, Alains, Suèves, Vandales, Visigoths, etc., allant de Gaule en Espagne et, plus tard, par celle des Sarrazins remontant d'Espagne en Gaule pour aller se faire exterminer dans les champs de Poitiers. Entre temps, en 407 ou 409, les passages de la montagne furent livrés aux Vandales par les soldats de l'empereur Constantin. C'est vraisemblablement aussi par la vallée d'Aspe qu'en 544 les troupes de Clotaire et de Childebert repassèrent dans le plus grand désordre, après avoir été battues devant Saragosse qu'elles avaient voulu prendre d'assaut.

En 631, sous le règne de l'avide et légendaire Dagobert, une armée considérable, commandée par les ducs Venerandus et Abundantius, franchit les Pyrénées, partie par la Bidassoa, partie par le Somport et s'avança jusque devant Saragosse. L'expédition avait pour but de remplacer Sumtila, roi des Visigoths, par Sisenand ; celui-ci réussit à chasser son rival, et Dagobert, ayant reçu deux cent mille sous d'or pour prix de son concours, ses troupes victorieuses repassèrent les Pyrénées.

Ce dont on est absolument sûr, c'est que les Sarrazins occupèrent pendant longtemps le pays. Déjà, en 732, ils tenaient la Vallée ; d'après Faget de Baure ils la suivirent cette même année pour envahir le Béarn : plusieurs postes fortifiés établis par eux servaient à protéger leur marche et à maintenir leurs communications avec l'Espagne. En 777, Charlemagne traversa la Gascogne et l'Aquitaine, pénétra en Espagne par les vallées du Béarn et de la Bigorre et se retira par celles de la Navarre en perdant son arrière-garde avec Roland, à Roncevaux (778). Après la défaite du grand empereur, les Maures réoccupèrent la Vallée ; ils y créèrent ou rebâtirent des villages entiers, et, aujourd'hui encore, le touriste s'étonne de rencontrer un nombre considérable d'épaisses murailles en ruine et même de massives constructions rectangulaires aux portes basses qui datent de l'occupation des Maures. Le coquet village de Borce en compte un grand nombre et sa Mairie est l'un des mieux conservés en même temps que des plus anciens spécimens de cette curieuse architecture.

Ceci ne veut pas dire que Charlemagne n'ait jamais, depuis son désastre, fait sentir le poids de ses armes à ses ennemis de la Vallée. En 797 notamment, voulant profiter des dissensions qui existaient entre les Sarrazins d'Espagne, pour affirmer son autorité au-delà des Pyrénées, il prescrivit à Louis, roi d'Aquitaine, d'entrer directement en Aragon par toutes les vallées situées au Sud-Ouest de

Toulouse et de mettre le siège devant Huesca. Le fils de Charlemagne échoua du reste devant cette place. En définitive, Charles ne parvint pas à triompher des Sarrazins et les châteaux-forts, construits par son ordre dans la vallée d'Aspe proprement dite, ne purent arrêter les vainqueurs. Détail curieux, la vallée de Lescun résista longtemps à l'invasion et un énergique lieutenant du Grand empereur, nommé Clodomir, réussit à se maintenir pendant un certain nombre d'années à Lescun, que sa situation privilégiée rendait déjà inattaquable à cette époque [1].

Le Moyen Age n'a point imprimé son caractère spécial à la Vallée : nulle part dans le pays on ne voit se dresser une de ces ruines vénérables, donjons entourés de murailles ou immenses éboulis de pierres du milieu desquelles émerge quelque haute tour ; nulle part non plus on ne retrouve de renseignements précis sur l'histoire locale durant cette période troublée. Il ne faut pas trop s'en étonner : la féodalité eut certainement moins de prise que partout ailleurs sur ces populations indépendantes qui conservèrent intacts à travers les siècles leurs coutumes et privilèges. Tandis que le pays plat était divisé en un petit nombre de vastes domaines que cultivaient des serfs, la vallée ne comprenait que des terres libres appelées alleuds ou terres de franc-alleu. La population y était du reste assez mélangée : la race des vainqueurs et celle des vaincus s'étaient unies l'une à l'autre, et c'est peut-être vers cette époque qu'il faudrait remonter pour retrouver

---

1. — Louis le Débonnaire, roi de France, chassa au-delà des Pyrénées Centulle le Loup, dernier duc d'Aquitaine de race Mérovingienne ; il le poursuivit à travers la montagne mais sans qu'on puisse affirmer qu'il traversa la vallée d'Aspe.

l'origine de certains points de ressemblance qui existent encore de nos jours entre les populations des deux versants des Pyrénées.

Faget de Baure soulève cependant un coin du voile qui recouvre l'histoire de ces périodes confuses en nous apprenant que de 1110 à 1130 Gaston IV de Béarn, à la tête d'armées Gasconnes, franchit plusieurs fois les Pyrénées à Sainte-Christine (Somport). En 1114 notamment, ce prince prit part, en compagnie du Vicomte de Bigorre, du Comte de Comminges, du Vicomte de Gabarret, de l'évêque de Lescar et du Vicomte de Lavedan, à une croisade qu'Alphonse d'Aragon conduisit contre les Maures d'Espagne. Les croisés échouèrent devant Saragosse ; mais, 6 ans plus tard, Gaston réussit enfin à s'emparer de cette ville qu'il donna au roi d'Aragon, Alphonse le Batailleur (1120). Pendant les années qui suivirent, Gaston de Béarn défit les Maures dans maints autres combats. Mais si les armées béarnaises n'éprouvèrent jamais aucune résistance de la part des montagnards de la Haute-Vallée, c'est que Gaston avait très probablement négocié leur passage.

En 1247, la vallée d'Aspe, qui jouissait depuis plusieurs siècles de son indépendance avec l'organisation d'une sorte de République, se donna librement au Béarn. Mais les Aspois sont fiers : Gaston VII doit reconnaître à ses nouveaux sujets toutes leurs libertés, plus grandes encore que celles du Béarn, dont je me trouve obligé de dire quelques mots.

En effet, les droits des Vicomtes de Béarn, au point de vue militaire, offrent une particularité curieuse. Centulle le Loup, 1er Vicomte, tout en affirmant son autorité dans l'administration du pays, n'avait pas eu la hardiesse d'en entamer les libertés et les franchises ; les chartes ou les « fors », que ses successeurs octroyèrent aux Béarnais, stipulaient que ceux-ci seraient tous soldats en cas de guerre défensive, mais, que sous aucun prétexte, le Seigneur ne pourrait les entraîner hors de la Souveraineté sans leur assentiment. Bien plus, en cas de guerre, le service n'était dû que pendant neuf jours et ne pouvait être demandé que trois fois par an. On avouera qu'une puissance militaire édifiée sur de telles bases était plus que chancelante. Eh bien ! il y eut mieux encore ! au xiie siècle, et même sous l'ambitieux Gaston Phœbus, les privilèges furent accrus, car le Vicomte ne put désormais déclarer la guerre qu'avec l'assentiment des États réunis en Assemblée. Et telle était l'importance que les fiers Béarnais, Seigneurs ou Vilains, Barons ou Abbés, attachaient au maintien de leurs libertés que l'on vit à maintes reprises et jusqu'au xvie siècle les soldats abandonner leur Vicomte le neuvième jour de la guerre et rentrer chez eux, quel que fût le danger que pût courir l'armée et la province.

Tels étaient les privilèges militaires des Béarnais ; ceux des Aspois étaient encore bien plus considérables. La Vallée ne devait fournir qu'une compagnie de soixante hommes et ceux-ci ne pouvaient être contraints à combattre hors du pays qu'à la dernière extrémité. Dans ce cas, la compagnie Aspoise était logée avec le Vicomte, quand celui-ci était réduit à rester sur la défensive : pendant la bataille elle devait marcher devant lui, combattre en avant de lui et sous ses yeux. Il ne faut pas confondre cette compagnie de 60 hommes avec la milice Lescunoise de même effectif ; celle-ci, dont je parlerai plus loin, ne devait jamais sortir des hautes vallées qui aboutissent à

Lescun. Son organisation fut du reste postérieure à celle de la Compagnie Aspoise.

La guerre de Cent Ans qui mit à feu et à sang tout le Midi de la France, ne toucha en rien le Béarn, dont les sympathies allaient généralement au roi de France. Cependant, en 1376, le duc de Berry[1], lieutenant du roy, étant venu porter la guerre dans le Béarn, Gaston Phœbus fit un appel pressant à la vallée d'Aspe qui renonça volontairement à son privilège et se dégarnit de toutes ses forces pour lui envoyer un contingent de 200 fantassins, sans limiter la durée de leur service.

En 1514, Ferdinand le Catholique, en guerre avec le roi de France, s'empara de Pampelune et voulut franchir les Pyrénées. Jean d'Albret, roi de Navarre, tenta de s'opposer à son passage mais il fut obligé de se réfugier en Béarn, après avoir éprouvé plusieurs revers dans la vallée d'Aspe. L'année suivante, une troupe de 4 à 6.000 Aragonais fondit tout à coup sur Urdos, qu'elle réduisit en cendres. Malgré la mort de Ferdinand, en 1516, Jean perdit la Navarre.

Cette incursion de 1515 donna aux États de Béarn l'occasion de montrer leur patriotisme et leur générosité, au moins dans leur délibérations; ils se réunirent, en effet, après le pillage d'Urdos et menacèrent les Aragonais d'envahir leur pays, de piller et de détruire leurs villes[2], mais ils ne jugèrent pas à propos de mettre ces menaces à exécution. Ils firent mieux; ils allouèrent aux habitants d'Urdos un secours de 100 écus (environ 1500 fr. de notre

---

1. — Froissard prétend que le chef de cette armée était, non le duc de Berry, mais le duc d'Anjou.

2. — Voir Annexe I.

monnaie) qui contribua à la reconstruction partielle du village détruit.

Mais le pays d'Aspe allait, bientôt après, subir de nouvelles épreuves. Sous François Ier, en effet, un corps de trois à quatre mille Espagnols, réunis à Jaca et à Canfranc sous les ordres de Ferrier-Lanuce, frère du Vice-Roi d'Aragon, fut chargé de faire une diversion par le « sombre Val du Somport » pour faciliter l'entrée en Pays Basque et Béarnais de l'armée du Prince d'Orange, et couvrir celle qui allait mettre le siège devant Bayonne. Les Aragonais pénétrèrent dans la Vallée d'Aspe par tous les passages à la fois et forcèrent à la retraite les troupes qui les occupaient. Celles-ci, sous le commandement du capitaine Menauton, bâtard de Gerderest, se replièrent sur Oloron. Cette place était gouvernée par François de Béarn, seigneur de Louvie-Soubiron.

C'est à Sainte-Marie-lès-Oloron que les Espagnols établirent leur camp ; le lendemain de leur arrivée, les Oloronais organisèrent une sortie, d'accord avec trois compagnies de gendarmes établies hors ville et qui devaient prendre les ennemis à revers. Malheureusement, les compagnies n'arrivèrent pas à temps, et le corps de sortie, accablé sous le nombre, fut mis en déroute et en partie massacré. Si le gouverneur n'eût fait lever le pont, les Espagnols seraient entrés « pesle-mesle avec les » Béarnais qui se retirèrent en tel désordre que trouvans » le pont levé, ils se jettèrent dedans l'eau ; plusieurs se » noyèrent et d'autres furent tués ».

Malgré ce succès, Ferrier-Lanuce ne fit aucune tentative pour emporter d'assaut la ville, qui paraissait bien défendue ; il ne réussit pas non plus à la prendre par la famine, car lui-même manqua bientôt de vivres : les montagnards de la vallée d'Aspe s'étaient en effet reformés sur ses derrières et lui interceptaient les convois de vivres et de munitions qu'il attendait de Jaca. Les envahisseurs levèrent donc le camp et allèrent rejoindre le prince d'Orange à Sauveterre-de-Béarn où ils rallièrent les deux armées principales qui venaient d'être repoussées devant Bayonne. Le prince d'Orange dut repasser la Bidassoa, mais il s'empara de Fontarabie, après avoir pillé Biarritz et Saint-Jean-de-Luz.

C'était la première fois que la Vallée jouait un rôle dans une vraie guerre moderne. A partir de cette époque, elle servira souvent de théâtre d'opérations secondaires, toujours les mêmes d'ailleurs ; étant donnée sa situation géographique militaire, elle ne peut, en effet, que couvrir ou découvrir le flanc gauche des invasions françaises en Espagne, ou le flanc droit des incursions espagnoles en France.

Mais ces populations, si relativement guerrières lorsqu'il s'agissait de défendre leur pays et leurs suzerains, devinrent féroces sous l'excitation des haines religieuses.

L'histoire militaire ne comporte pas l'étude de ces luttes fratricides qui ont fait tant de mal à la France, comme du reste à toutes les nations de l'Europe. Je ne ferai donc qu'effleurer ce triste sujet, mais j'aurai toutefois la consolation de constater ce fait que les luttes terribles qui ensanglantèrent à cette époque toute la contrée, n'entraînèrent jamais l'intervention de l'étranger, ni contre les catholiques, ni contre les protestants. C'est le temps où Sarrance, Bedous, Accous, Osse, Lées-Athas, Jouers et Urdos furent livrées aux flammes, la dernière par le capitaine d'Espalungue. Le village de Borce, grâce à sa position exceptionnelle et à une défense mémorable, put échapper à la destruction. Lescun dut à son altitude et à son éloignement de n'être pas même attaqué.

La vallée d'Aspe mit d'autant plus longtemps à se relever des ruines accumulées pendant cette période malheureuse de notre histoire, que la guerre civile avait continué l'œuvre néfaste déjà trop bien commencée par l'invasion étrangère.

— II —

Du XVIIᵉ Siècle à la Révolution.

Au xviiᵉ siècle, l'organisation militaire du Béarn se modifie ; les milices encadrées par des officiers et bas-officiers de carrière sont réunies en 1630 par le duc de Grammont, gouverneur de Bayonne, qui leur donne le nom de bandes Béarnaises[1] ; mais il est obligé de les licencier presque immédiatement. On doit d'ailleurs reconnaître que malgré de fréquents licenciements et quelques tendances à l'indiscipline, les troupes béarnaises se conduisirent toujours bien devant l'ennemi ; leur instruction militaire était relativement bonne, car pendant longtemps elles se rassemblèrent le dimanche dans certaines communes pour manœuvrer et passer des revues.

En 1635 s'ouvre la période française de la guerre de Trente Ans ; l'ennemi menace les frontières ; aussi les bandes, malgré le piètre souvenir qu'on en avait gardé,

---

1. — Le duc de Grammont « les mit sur pied à ses despends et sans avoir reçu commission ny argent pour l'armement du Régiment de Béarn ». *(Archives Nationales.)*

sont-elles rappelées pour défendre les hautes vallées de la Navarre et du Béarn (1638). Quelques compagnies renforcées par les Aspois sont envoyées à Lescun et à Urdos, pendant que le duc de Lavalette et le prince de Condé chassent l'ennemi de St-Jean-de-Luz, prennent Pasages et mettent le siège devant Fontarabie. En 1639, les compagnies sont de nouveau licenciées ; les habitants du pays sont chargés de leur propre défense et doivent surveiller les cols de la frontière. La situation reste la même jusqu'en 1652, année où les bandes béarnaises furent encore rappelées. Elles remplacèrent les montagnards pendant quelques jours ; puis les miliciens furent licenciés une fois de plus et les Aspois de nouveau chargés du soin de la défense. Pendant plus de vingt ans, le pays est sans cesse menacé, sans cependant être jamais envahi ; enfin, en 1659, le traité des Pyrénées vient mettre fin à cette situation.

Une vingtaine d'années plus tard, nous retrouvons les bandes formées en un régiment à dix-sept compagnies. Cette réorganisation a lieu en 1678. Monsieur de Géronce crée de toutes pièces la compagnie d'Oloron et Monsieur d'Esquiule, celle de Sainte-Marie ; Monsieur de Viane, capitaine, en organise une à Accous avec le contingent de la Vallée[1]. Toutes ces compagnies sont de cent hommes

---

1. — La Compagnie de Viane était recrutée parmi les villages de la Haute-Vallée dans les proportions suivantes :

Accous..................	13 Mousquetaires	et	4 Piquiers.
Aydius..................	8	—	
Bedous-Orcun...........	20	—	et 6 —
Borce...................	9	—	et 3 —
Cette-Eygun............	7	—	
Etsaut..................	7	—	
Lées-Athas.............	7	—	
Lescun..................	9	—	et 3 —
Urdos...................	4	—	

Soit 84 Mousquetaires et 16 Piquiers.

(84 mousquetaires et 16 piquiers). L'existence de la dernière fut bien courte ; quelques jours après leur convocation les Aspois furent renvoyés dans leurs foyers.

En 1682, on trouve dans la Vallée une Compagnie des Bandes qui l'occupa pendant longtemps ; elle était chargée non seulement d'appuyer les montagnards en cas d'attaque de la frontière mais encore d'empêcher le passage des protestants que l'intolérance royale poussait à chercher une autre patrie.

C'est par Urdos et Canfranc que passa de 1701 à 1706 une partie des nombreux secours envoyés à Philippe V, alors en lutte avec l'Archiduc Charles, son compétiteur. Le parti du prince autrichien faillit l'emporter en 1706. Philippe dut repasser la frontière avec ses troupes. Nos milices et nos bandes béarnaises furent de nouveau rassemblées et s'unirent aux soldats du maréchal Vendôme, que Philippe et ses conseillers avaient appelé à leur aide. Ce prince avait en outre sous ses ordres quelques troupes françaises, les débris des corps Espagnols fidèles au malheureux roi, enfin de nombreux volontaires de l'une et l'autre nation, accourus, comme autrefois sous Duguesclin, à l'heure du danger.

Vendôme traversa la Vallée et occupa tout d'abord Jaca où il jeta la terreur en faisant pendre tous les partisans de l'Archiduc pris les armes à la main ; il y laissa une telle réputation de férocité qu'aujourd'hui encore les habitants des hautes vallées de l'Aragon ne prononcent son nom que pour le maudire ou pour faire peur aux petits enfants.

Le régiment des bandes béarnaises avait pris part à cette expédition, et, tout au début de la campagne, remporté quelques avantages aux débouchés des vallées d'Aspe et d'Ossau. Le plus ancien capitaine des bandes, l'Abbé d'Orin, tint garnison à Jaca ; d'autres détachements à Canfranc, Castillo de Hecho et Castillo de Anso.

Les Béarnais n'éprouvèrent qu'une faible résistance partout où ils passèrent ; ils se fortifièrent dans ces différentes places dont les deux dernières sont détruites aujourd'hui. Un roulement était établi pour la garnison entre les compagnies qui se relevaient annuellement ; les bandes ne se retirèrent qu'après toutes les autres troupes en 1712. Elles laissaient les habitants de la Vallée à bout de ressources, épuisés par les prestations militaires, accablés par ces longues années d'une guerre terrible.

Sept ans après, le pays d'Aspe, tout meurtri qu'il était, faillit subir le rude choc de deux armées. En 1719, lorsque la découverte de la conspiration de Cellamare amena la guerre avec l'Espagne, le Régent qui ne pouvait d'abord disposer que d'un petit nombre de troupes dans les Pyrénées occidentales, envoya le maréchal Berwick à Bayonne et à Oloron, en le chargeant de préparer la défense de cette partie de la frontière. Dans son plan, le Maréchal envisagea l'éventualité d'une attaque des Espagnols par Somport et la vallée d'Aspe et dans un rapport qu'il adressa au Régent le 18 février de cette même année, il exposa avec beaucoup de clarté ses appréhensions et ses projets. « Si, dit-il, l'ennemi vient de Jaca à Oloron, « comme en ce cas il ne peut prendre le Gave d'Oloron « par ses sources, nos troupes se mettront derrière le « Gave de Pau qu'elles défendront depuis Lourdes jusqu'à « l'Adour. » — Les troupes dont il est ici question devaient se tenir du côté de Tarbes, sous le commandement de M. de Joffreville. Il ne faut pas s'étonner de voir, dans ce projet, le Maréchal abandonner la Vallée à elle-même et se reporter dans la plaine : les communications étaient, en effet, très difficiles, le pays si pauvre et si mal cultivé, qu'une armée aurait pu difficilement s'y procurer les ressources nécessaires à sa subsistance. Il fallait donc placer les troupes, du jour où elles devenaient nombreuses, assez loin des débouchés pour avoir le temps de les rassembler et de les porter sur le point envahi.

Pour être prévenu à temps, le Maréchal répandit des émissaires dans toutes les Hautes Vallées « sur tous les points d'où l'on pourrait voir l'ennemi venir de loin ». Heureusement les Espagnols ne prirent pas l'offensive ; Berwick, renonçant à utiliser la Vallée, trop pauvre en ressources, put franchir la Bidassoa et conquérir le Guipuzcoa.

Quelques années plus tard, quoique nous fussions en paix avec l'Espagne, le maréchal de Mailly fut envoyé dans les Pyrénées Occidentales pour y étudier un nouveau plan de défense. Il conclut, en cas de guerre, « à l'occu-
» pation du pays par quatre corps : un de 30.000 hommes,
» sous Bayonne, un de 6.000 hommes à St-Jean-Pied-de-
» Port, un de 4.000 hommes à Oloron et enfin entre St-Jean-
» Pied-de-Port et Bayonne une réserve de 10.000 hommes.
» Le débouché de Jaca à Navarrenx, quoique bien moins
» praticable que celui de St-Jean-Pied-de-Port, exigeait
» qu'on y tint un corps de troupes de 4.000 hommes, dont
» la position la meilleure serait à Oloron, en avant et un
» peu sur la gauche de Navarrenx, occupant les deux
» débouchés (d'Urdos et de Laruns) tombant de Jaca. Ce
» corps serait uni à l'Armée par des postes de communi-
» cation le long et derrière les gaves d'Oloron et de Pau ».

Nous venons de voir l'importance qu'avait acquise la vallée d'Aspe au moment où la France allait avoir à lutter sur toutes ses frontières pour défendre son indépendance contre l'Europe coalisée.

Dans ce court résumé il n'est, jusqu'à présent, fait mention que du seul chemin passant par Urdos et Canfranc qui conduit d'Oloron à Jaca en franchissant le Somport. La belle voie romaine mal ou pas entretenue, disparaissait peu à peu, coupée par les avalanches, emportée par les crues du Gave, démolie par les habitants eux-mêmes durant les guerres civiles ou étrangères. Cependant on ne la laissa pas se désagréger tout à fait, non en vue de la guerre, mais pour préparer le passage de personnages marquants. De tels événements entraînaient toujours, en effet, une remise en état de la route : c'est ainsi que le pont de Sarrance fut reconstruit pour le seul passage de Marguerite de Valois. De même les travaux de réfection et d'élargissement de la route, entre le pène d'Escot et Urdos, prescrits par un arrêt du Conseil d'État en date du 5 juillet 1746, ne furent réellement poussés avec activité que vingt-deux ans plus tard et cela à l'occasion d'un voyage du maréchal de Richelieu. Le vainqueur de Port-Mahon se rendit en effet en Espagne par la vallée d'Aspe, au printemps de 1768, chargé d'une mission diplomatique dont il m'a été impossible de déterminer la nature.

A partir de cette époque, et malgré les dégâts fréquents dus aux inondations, à celle de 1771, en particulier, la route fut un peu mieux entretenue, grâce à l'arrêt de 1746, dont j'ai parlé plus haut, et qui affectait à l'entretien de cette voie le produit des droits de péage perçus au Portalet.

Il y avait, en outre, quinze autres passages connus et fréquentés des gens du pays, et auxquels on accédait par des chemins muletiers ou des sentiers de piétons ; les cols de Pau et de Pétragème voyaient même plus de voyageurs en ce temps-là qu'aujourd'hui. Les chemins, meilleurs que de nos jours, valaient presque celui du Somport, et lorsqu'on venait d'Hécho ou d'Anso en France, les communications étaient par là et plus rapides et plus directes.

Pourquoi tous ces passages n'avaient-ils donc pas été utilisés jusqu'à ce jour, ni dans les projets de défense ni dans les guerres ? Tout simplement parce que la vallée d'Aspe n'avait jamais été défendue pour elle-même, parce que les généraux français, peu soucieux d'assurer aide et protection aux habitants du haut-pays, avaient toujours préféré s'établir dans la plaine pour ne manquer de rien et tenir l'ennemi éloigné de ses magasins, avec de mauvaises communications derrière lui.

Le réveil du patriotisme, la lutte pour la défense du foyer, allaient supprimer ces considérations et reporter la guerre sur la frontière même, qui désormais ne sera pas si fréquemment ni si facilement violée. Les généraux français inaugurèrent donc dans la Vallée une nouvelle tactique en 1794 et lors de la grande invasion de 1814 ; mais ils appliquèrent d'intuition une partie des principes encore actuellement en usage pour la défense des pays de montagne, et, malgré la création de voies plus larges et plus commodes, aujourd'hui encore nous ne défendrions guère autrement les Pyrénées qu'ils ne le firent au siècle dernier.

— III —

Théâtre d'opérations de 1794.

Pour l'intelligence de la campagne de 1794 et des événements qui précédèrent le passage des Espagnols en 1814, il est indispensable de donner une description succincte du théâtre des opérations[1].

Il comprend la partie supérieure de la vallée d'Aspe depuis Bedous, et surtout les vallées étroites du cirque de Lescun. Le voyageur, le touriste qui ont l'heureuse chance de parcourir ce pays si pittoresque, si vert au printemps, en été et en automne, si blanc en hiver, qui ont traversé les gorges encaissées de la Vallée, suivi les chemins de crête sur les rochers dénudés des hauts sommets et parcouru les pistes gazonnées qui longent par d'étroites et périlleuses corniches les pentes moins arides de la basse Vallée, peuvent facilement se faire une idée de ce qu'était ce merveilleux pays il y a un peu plus de cent ans.

Le Gave n'était ni plus blanc d'écume, ni plus clair, ni plus limpide, mais les coteaux étaient plus boisés, puisque

---

1. — Voir la Carte à la fin.

la folie du déboisement n'avait pas encore atteint les pâtres imprévoyants de la montagne qui incendient les taillis et même les futaies pour ajouter quelques arpents à leurs anciens pâturages; partout la Vallée devait être plus sauvage, plus verte et plus sombre encore.

Comme nous l'avons vu, la belle voie romaine construite vers le milieu du premier siècle de notre ère, avait peu à peu disparu. La belle route d'Oloron à Jaca, aux blancs et poudreux zigzags, n'existait pas encore. La vallée d'Accous à la frontière n'était suivie que par un mauvais chemin, à peine carrossable, quoiqu'il fut seul de son espèce dans toute cette partie des Pyrénées. Le Somport n'était pas plus fréquenté que les cols de Pau, de Lacouarde et de Pétragème ; le commerce se faisait en effet beaucoup plus avec Hécho et Anso qu'avec Jaca ; d'un autre côté, le col de l'Insole était utilisé par les Navarrais de Roncal, qui le franchissaient pendant six mois de l'année avec leurs fortes mules et leurs si beaux moutons.

Le gave d'Aspe prend sa source en Espagne à l'Ouest du Somport, mais pénètre presque immédiatement en France ; pas plus qu'aujourd'hui la voie principale ne le suivait depuis sa source. Elle partait du Somport, rejoignait le torrent en passant par le petit col de Peyrenère, au pied du verdoyant plateau d'Anglus, à 7 kilomètres en amont d'Urdos, premier village de la frontière qui a été brûlé ou détruit plus de dix fois.

A partir de là, la route suivait la rive droite, et un sentier longeait la rive gauche. Entre Etsaut et Urdos, la route et le sentier se coupaient à hauteur du fort actuel du Portalet, la route passant sur la rive gauche, le sentier sur la rive droite; enfin, ils se rejoignaient définitivement après Etsaut, et le chemin suivait, comme aujourd'hui, la rive droite en franchissant l'étranglement de l'Estanguette [1] où existait déjà une auberge popularisée par le chansonnier Navarrot et bien connue des pasteurs et des muletiers.

C'est à côté de cette hospitalière posada, au Tilhabé, plus tard Maison de la Vallée ou de St-Julien que se tenaient, depuis longtemps déjà, les réunions des représentants du Haut-Pays « à l'effet de prendre décision en Corps de Vallée ».

Jusque là, le Gave coule dans une gorge étroite, si resserrée et si boisée qu'on l'avait surnommée le Sombre Val. Au pont d'Esquit s'ouvre le Cirque de Bedous, plaine elliptique de cinq kilomètres de long sur trois de large, bien arrosée, bien cultivée, coupée de nombreux sentiers ; elle ne compte pas moins de sept riches villages abrités et cachés par de nombreux monticules gazonnés et de petits pics verdoyants. Le plus important de ces villages était Accous, aujourd'hui encore chef-lieu de canton, dont il sera souvent question dans le cours de cette étude.

Entre la Vallée supérieure du Gave et le Cirque de Lescun s'enfoncent presque parallèlement au cours d'eau principal les vallées secondaires du Baralet et du Belonce, dont les ravins profonds, creusés entre de hautes montagnes en partie dénudées, rendent excessivement difficiles les communications transversales.

Le ravin du Baralet finit à 1 kilomètre en aval d'Urdos, sur la rive gauche du Gave. En remontant le torrent, le touriste gravit des pentes rapides, suivant un demi-cercle nettement dessiné à 2 kilomètres autour du village. Il se dirige ensuite droit au Sud presque jusqu'à la frontière. Dans sa partie supérieure, le Baralet forme l'étroit vallon

---

1. — En Béarnais " Estanguette " signifie endroit où on s'arrête.

de Labaigt d'Aubisse (prononcez Labatche) dont les verts pâturages attirent tous les pasteurs du pays.

La vallée boisée du Belonce, plus longue et plus sauvage que celle du Baralet, s'étend entre celle-ci et celle de Labadie qui dépend du Cirque de Lescun. Le torrent se précipite dans le Gave un peu en amont de Borce, du haut de superbes rochers. Le col de Saubathou permet de passer du val de Belonce dans celui de Labadie; le passage plus mauvais de Labarroigt conduit du ravin de Belonce dans celui du Baralet.

Faisant partie intégrante de la Vallée d'Aspe et s'en détachant comme un rameau qui s'épanouit en éventail en dehors de la branche maîtresse, le Cirque de Lescun ouvre, par ses Gaves, un certain nombre de communications importantes avec la frontière, sans compter de nombreux passages pour piétons. Quatre cols très fréquentés, surtout avant la Révolution, marquent la naissance d'autant de vallées, dont les eaux se réunissent à Lescun pour former le Gave du même nom. Ces quatre cols sont :

1° Celui de l'Insole qui fait communiquer la vallée d'Anaye (France) avec celle de Roncal (Espagne) ;

2° Celui de Pétragème qui unit les vallées de l'Ansabe (F.) et d'Anso (E.) ;

3° Celui de Pal ou de Pau, qui unit les vallées de l'Itchaxe ou de Labrennère (F.) et d'Hécho (E.) ;

4° Celui de Lacouarde qui unit les vallées de Labadie (F.) et d'Aigues-Tortes (E.).

Les trois premières vallées se rejoignent à Lescun même; la dernière, qui se termine par le riche plateau de Lhers, finit dans celle du gave de Lescun, non loin du pont qui existait déjà à cette époque sur le gave d'Aspe.

Sauf la vallée de Labadie et celle d'Itchaxe, qui sont

reliées par le facile col de Gourgues, toutes ces voies d'accès communiquent assez difficilement ou même pas du tout entre elles.

De la vallée du Labadie on passe dans celle du Gave d'Aspe par le col d'Udapet, dans celle du Belonce par le col de Saubathou. De la vallée du gave de Lescun on communique avec Lées-Athas et Osse par le col d'Anitche. Enfin, le grand débouché du Cirque est près du confluent des gaves d'Aspe et de Lescun, à deux kilomètres en aval d'Eygun.

Les montagnes qui les séparent, très élevées et très abruptes, sont à peu près infranchissables. Au surplus tout le pays n'est praticable généralement que du 15 mai au 15 octobre, c'est-à-dire pendant cinq mois.

Les Vallées dont nous venons de parler étaient, comme de nos jours encore, desservies chacune par un sentier muletier. Il existe à leur naissance un certain nombre de passages : les cols de Larraille et d'Escoueste pour piétons, celui de la Chourique, muletier, donnent dans la vallée d'Ansabe, que suit également le sentier muletier de Pétragème.

Au centre du Cirque, le village de Lescun, fièrement campé sur un plateau pittoresque, domine au premier plan une contrée des plus riches, et d'autant mieux cultivée que la propriété est plus morcelée. Quant au Cirque lui-même, il a une physionomie grandiose et sauvage. Environné d'une haute ceinture de pics, la vue y est circonscrite de tous côtés par leurs épaisses et blanches murailles. C'est une arène de géants, une véritable prison à ciel ouvert, cachot immense au milieu duquel l'homme semble un pygmée perdu.

Lescun (de Lées et de Gun — près de Lées) fut à

l'origine un repaire de bandits. Pendant plusieurs siècles ils répandirent la terreur dans toute la contrée et détroussèrent les pèlerins qui se rendaient à St-Jacques de Compostelle. Avec le temps ce genre d'industrie tomba peu à peu et les brigands devinrent de simples contrebandiers.

Grâce à sa position exceptionnellement heureuse et à la fertilité de son sol, le village prit peu à peu de l'importance et au moment de la création de la Cour de Béarn (en 1620) sa population était déjà assez nombreuse pour lui permettre de désigner l'un des douze jurats qui devaient se réunir à Lescar ; ce magistrat administrait le pays au point de vue civil et militaire. Il reçut le titre de baron[1] et la baronnie de Lescun fut renommée dans tout le Béarn, autant pour ses richesses que pour l'étendue de ses domaines.

Nous avons vu que le pays autour de Lescun était excessivement fertile. A l'époque de la Révolution, les Lescunois très travailleurs et très économes, étaient déjà en grand nombre propriétaires agricoles et possesseurs de troupeaux. La contrebande, à laquelle ils se livraient presque tous alors, avait également contribué à enrichir les plus heureux et à donner de l'aisance aux autres. Hâtons-nous d'ajouter que cette source de richesse est aujourd'hui tarie parce qu'elle est devenue aussi périlleuse que peu lucrative.

Avant 1789, les gens de Lescun passaient déjà pour les plus riches habitants du Béarn ; entreprenante, sobre et économe, la population de cette partie de la Vallée

---

[1]. — La Maison de Lescun date de l'an 980 environ. Son chef est Loup-Aner, fils naturel de Centulle II de Béarn. Il reçut en apanage la Vicomté d'Oloron. Ses descendants prirent le nom et le titre de Lescun, barons de la Vallée d'Aspe.

est étroitement unie par une sorte de solidarité locale dont témoigne encore aujourd'hui ce fait unique peut-être, c'est que Lescun possède actuellement un moulin banal où chaque habitant a le droit de moudre.

Les ressources de toute espèce qu'on pouvait trouver à Lescun avaient depuis longtemps excité la cupidité des Aragonais; aussi les Lescunois s'étaient-ils constitués en milice pour la défense de leurs biens. Ils formaient une compagnie de soixante hommes exempts de tout service en dehors de la Vallée, parce qu'en été ils devaient défendre les passages des Pyrénées et cela à leurs frais « sans qu'il en coûtât rien au roy ni aux habitants du pays plat qui se reposaient absolument sur leur fidélité ».

Pour terminer cette rapide description n'oublions pas de parler de la Vallée qui fait communiquer le Cirque de Lescun avec le val d'Aspe, par un couloir de 3 kilomètres ouvert par les eaux transparentes et toujours blanches d'écume du gave de Lescun. A l'époque qui nous occupe, deux chemins muletiers, vrais sentiers de chèvres, le remontaient en gagnant le village par les deux rives. De celui de la rive droite se détachait un autre sentier qui, encore de nos jours, est la seule voie menant d'Accous à son hameau de Lhers.

Entre tous ces Gaves qui ont creusé leur lit dans des vallées si encaissées et si étroites, s'élèvent de hautes montagnes, tantôt boisées, tantôt arides et dénudées, mais toutes abruptes et d'un accès difficile, quelquefois même impossible.

— IV —

Organisation militaire de la Vallée de 1792 à 1794.

Le 22 juillet 1792, à la suite des premiers revers de l'Armée du Nord en Belgique, l'Assemblée législative déclara la Patrie en danger, et prescrivit une levée de 50.000 volontaires de la Garde Nationale. Plus de 200.000 hommes répondirent à cet appel dans les seuls départements du Nord-Est et dans les grands centres. Quant aux campagnes de l'Ouest et du Midi, elles furent, d'une manière générale, plus lentes à s'organiser, celles-ci parce que l'imminence du péril n'y paraissait pas aussi évidente, celles-là parce qu'elles n'étaient pas favorables à la Révolution.

Ce n'est que vers le 20 janvier suivant que les gardes nationaux de la vallée d'Aspe commencèrent à se réunir et à élire leurs chefs ; et, lorsque parut, le 24 février, le décret de la convention proclamant une nouvelle levée de 300.000 hommes, les compagnies de volontaires Aspois dépassaient l'effectif prescrit.

Le 9 mars, sur la proposition de Brissot, l'Assemblée déclara la guerre à l'Espagne.

Les mesures de défense vont alors se succéder rapidement. L'instruction des gardes nationaux de la Vallée étant complètement nulle, le général Servan, ancien Ministre de la Guerre, nommé en février au commandement de l'Armée des Pyrénées occidentales, dirige immédiatement le 4ᵉ bataillon du Lot-et-Garonne et un demi-bataillon du Gers sur Bedous, Lescun, Borce et Urdos.

Le 15 avril, le bataillon du Lot-et-Garonne occupe et achève de mettre en complet état de défense les postes fortifiés de Lamary (4 kilomètres en arrière du col de Pétragème et d'Itchaxe, 2 kilomètres au nord du col de Pau), pendant que le demi-bataillon du Gers occupe un poste à Lahorque (rive gauche du gave d'Aspe) et un autre à 1 kilomètre en amont d'Urdos (rive droite).

A 30 kilomètres en arrière de cette avant-ligne, le camp d'Oloron devait servir de réduit à la défense. Dans l'esprit de Servan, ce camp, qui fut simplement par la suite, et pendant peu de temps, le siège de la 6ᵉ, puis de la 11ᵉ division militaire, devait être fortifié pour tenir les débouchés des vallées d'Aspe, d'Ossau et de Barétous ; il devait également abriter les troupes chargées de porter secours à la vallée de la Soule. En cas d'attaque des Espagnols du côté de Bayonne, la division d'Oloron devait faire une démonstration par le Somport. L'organisation du camp et sa mise en état de défense furent confiées au général Robert, jusqu'à l'arrivée du général Marbot, père de l'auteur des Mémoires. Robert passa alors en sous-ordre.

Pendant que l'armée des Pyrénées occidentales allait occuper ces emplacements, l'organisation défensive de la Vallée était poussée avec une hâte fébrile. A Oloron, chef-lieu du district et de la division militaire, les mesures de défense générale se précipitent. L'hôpital militaire est agrandi, un magasin central d'approvisionnement en vivres, équipement et habillement est créé. Tout est du reste dans la Vallée mis au service de la Patrie. Des ateliers sont ouverts dans tous les villages, des réquisitions faites pour la coupe et le transport des bois nécessaires à la marine demandés par le port de Bayonne.

Dès le 29 ventôse, un sieur Superbie, d'Oloron, avait réussi à extraire et à purifier par ses procédés personnels 2 livres de salpêtre et signalé des dépôts de terres nitreuses. Le 9 germinal une salpêtrière est créée au chef-lieu du district ; le préposé de l'Agence nationale des poudres et salpêtres Louis est chargé de prendre toutes les mesures pour « assurer une prompte et considérable récolte de salpêtre » ; quelques jours plus tard, Clément Haget, d'Oloron, reçoit l'ordre de créer une grande armurerie pour la réparation des armes de tout le district et la fabrication des baïonnettes. Le registre des délibérations du Directoire d'Oloron nous apprend que devant la difficulté qu'il y avait à établir des forges en nombre suffisant on réquisitionna les deux soufflets des orgues du Séminaire de cette ville.

Quelque extraordinaire que puisse aujourd'hui paraître cette mesure, il n'y a pas lieu de s'en étonner. Ce ne fut pas, en effet, le seul emprunt que la Patrie fit, à cette époque troublée, à la Religion, et nul n'ignore que l'airain profane des canons provenait souvent alors du bronze sacré des cloches.

Dans toutes les communes de France, les gardes nationaux étaient réunis et exercés. Dans la vallée d'Aspe, Laclède, de Bedous, qui devait tomber glorieusement en 1808 sous les murs de Saragosse, comme colonel du 6ᵉ dragons, et Minvielle, d'Accous, que ses soldats avaient surnommé le Curé Capitaine, parce qu'il avait troqué sa soutane contre l'épée, s'occupaient d'organiser en dix compagnies et d'instruire les volontaires, jeunes gens de 18 à 25 ans. Le représentant du peuple, Fréron, les réunit en un bataillon de neuf compagnies (dont une de grenadiers) qui prit le nom de 5ᵉ bataillon des Basses-Pyrénées. Le commandant Guipouy en fut nommé chef [1].

Le massacre de 400 Gardes Nationaux de la vallée d'Ossau, à la case de Brousset, par un détachement de l'armée espagnole d'Aragon, n'avait pas peu contribué à précipiter les mesures de défense, en électrisant au lieu de l'abattre la population de la Vallée. Comme nous l'avons vu pour Oloron, à Bedous, à Accous, on retirait le salpêtre des caves et l'on fabriquait de la poudre.

Non contente de fournir à la Patrie les bras dont elle avait besoin pour sa défense, la vallée d'Aspe voulut payer de son or comme elle allait payer de son sang. Un arrêté fut pris en corps de Vallée le 18 mai 1793 « à l'égard
» d'emprunter la somme de 3.000 livres pour les employer
» pour faire les réparations aux endroits où besoin sera,
» pour faire forts pour empêcher que l'ennemi ne puisse
» entrer dans le pays ». *(Extrait d'un registre des délibérations trouvé à la Mairie de Borce.)*

C'est le commandant du bataillon du Lot-et-Garonne qui, avec ces subsides, fit réparer les plus mauvais passages des chemins de la montagne, aménager les corps de

---

1. — Les quatre premiers bataillons des Basses-Pyrénées avaient été organisés à Pau : les 1ᵉʳ, 2ᵉ et 3ᵉ en 1791, le 4ᵉ en 1794. Le département forma encore à Bayonne un autre bataillon auquel on donna le nom de bataillon de J.-J. Rousseau.

garde des différents villages et transformer en postes solides les corps de garde vieux de plusieurs centaines d'années établis à Lamary, Labaigt de Lamary, Itchaxe, Lahorque, Labaigt d'Aubisse et en avant d'Urdos. Ces postes avaient environ 10 mètres de long sur 6 ou 7 de large, l'épaisseur des murs était en moyenne de 40 centimètres et ils étaient percés de créneaux pour battre les débouchés du côté de la frontière. Un ouvrage plus sérieux existait dans la vallée d'Aspe, c'était le Portalet[1] véritable porte du pays, où depuis plusieurs siècles l'impôt était perçu et qui a donné son nom au fort actuel. Il en existait un semblable de l'autre côté des Pyrénées et à peu près à égale distance de la frontière. Aujourd'hui encore on voit les ruines du Portalet français juste sous le canon du fort et à l'épaisseur des murs on peut se rendre compte de la valeur qu'il devait avoir avant l'invention des armes et des explosifs actuels. Le 8 mars 1794, le général Robert prescrivit de le réparer, de le renforcer et d'y construire un local pouvant loger un fort détachement ; des ouvriers de tous les corps de métiers, réquisitionnés jusqu'à Oloron, y travaillèrent pendant près d'un mois.

Sur ces entrefaites, le 4e bataillon du Lot-et-Garonne est remplacé par le 7e et le demi-bataillon du Gers par des Compagnies franches.

Ces troupes sont du reste réparties de la même manière et occupent les mêmes avant-postes que celles qui les ont précédées. Elles n'y restent que peu de temps. Moncey les fit diriger sur Hendaye, où les opérations principales

---

1. — Il est difficile d'établir exactement la date de la construction du vieux Portalet. Lorsque, en 1471, les premiers droits de péage furent établis en réponse aux droits perçus à Canfranc, le Portalet fut rebâti sur l'emplacement d'un ancien poste ou d'un ancien fort en ruines.

allaient s'engager. Elles furent relevées au commencement de juillet par le 5ᵉ bataillon des Basses-Pyrénées. Celui-ci, dont l'instruction militaire avait été activement poussée, allait être chargé de la défense de son propre territoire jusqu'à la tentative espagnole sur Lescun.

Les représentants que la Convention envoyait aux Armées se succèdent dans les Pyrénées occidentales ; Beauchamp, Ferrand, Monestier, Pinet et Cavaignac viennent, tour à tour, et à de courts intervalles, stimuler l'ardeur et l'activité de tous. Par d'énergiques mesures, ils pourvoient aux besoins si nombreux de la défense nationale.

A la réception de l'ordre qui lui prescrivait d'occuper la haute vallée d'Aspe, le commandant Guipouy fit une reconnaissance des postes occupés par les compagnies du Lot-et-Garonne et les compagnies franches. Tant pour donner satisfaction aux habitants des différentes communes, qui toutes réclamaient secours et protection contre les pillards et maraudeurs espagnols, qu'afin de pourvoir plus facilement à la subsistance et à l'entretien de ses hommes, il répartit ses compagnies entre Bedous, Accous, Borce, Urdos, Lhers et Lescun, détachant les mêmes postes que les troupes qu'il venait relever. Toutefois les compagnies devaient se réunir fréquemment par deux et par trois pour manœuvrer, se relever dans les postes de la frontière et fournir les patrouilles. Ces deux derniers services contribuaient puissamment à aguerrir peu à peu les volontaires qui avaient très souvent affaire aux avant-coureurs et aux maraudeurs de l'armée d'Aragon.

Le 12 germinal an II (3 avril 1794) le bataillon reçut du Directoire d'Oloron le drapeau tricolore qu'il porta si glorieusement à Lescun et dans la campagne de 1795. Le même Directoire intervint peu de temps après, le 17 mai, pour forcer la commune de Lées-Athas à mettre en état les chemins conduisant aux avant-postes, chemins qui restaient mal entretenus malgré les réclamations du général Robert.

Le poste de Labaigt d'Aubisse était assez élevé et difficile à ravitailler; le commandant Guipouy prescrivit le 19 juillet 1794 au capitaine Minvielle, d'Accous, d'aller faire une reconnaissance de ce côté et de décider de l'opportunité qu'il y aurait à le maintenir ou à le supprimer. Sur le rapport de cet officier, la suppression du poste fut décidée et l'on défendit aux pasteurs de mener leurs troupeaux trop près des hauts sommets. Une patrouille de quatre volontaires choisis dans la commune de Borce devait, chaque jour, se porter à la frontière pour observer les mouvements de l'ennemi et renseigner les compagnies détachées dans ce village.

Vers la même époque, on apprit que l'armée d'Aragon comptait parmi ses officiers plusieurs émigrés du département. Le commandant prescrivit, mais sans aucun résultat, de s'assurer que ces émigrés n'entretenaient pas d'espions dans le pays; en même temps, il donna à ses capitaines l'ordre de lui signaler les étrangers qui habitaient la contrée; pareil renseignement fut demandé aux autorités civiles.

Revenons maintenant à l'armée principale. Au général Servan avaient succédé d'abord Debecq, puis Desprez-Crassier, Muller et enfin Moncey. Muller, sortant de l'inaction à peu près complète de ses prédécesseurs, s'était emparé de la vallée de Bastan et du pic de Commissari 25 et 26 juillet et Moncey avait pris Fontarabie, St-Sébastien et Tolosa.

C'est à ce moment que, pressé par la Cour d'Espagne qu'effrayait cette marche en avant, conseillé par un émigré béarnais (palois, paraît-il), le comte d'Esquille, attiré par la richesse et les nombreuses ressources de Lescun, persuadé aussi qu'il pourrait facilement s'emparer de la vallée d'Aspe, c'est à ce moment, dis-je, que le comte de Castel Franco s'apprêta à franchir la frontière aux cols de Pau et de Lacouarde. Il comptait surprendre les faibles troupes que l'armée française y avait détachées pour garder son flanc gauche et faire main basse à Oloron sur les chevaux et mulets, sur le bétail et les nombreux approvisionnements que la foire de Septembre allait y accumuler.

— V —

Préliminaires de la bataille de Lescun.

———

Dès le 5 septembre, les rapports des postes de la frontière et celui de la patrouille de Bélonce, ainsi que les renseignements des pâtres de la montagne signalaient la présence de nombreux maraudeurs entre le Somport et le Pétragème. Les espagnols commençaient à s'aventurer sur notre territoire pour enlever le bétail, piller les cuyalas (cabanes de bergers) et les bordes (granges) des hautes vallées ; quand ils n'y trouvaient rien, ils les livraient aux flammes.

Le commandant Guipouy, que la présence de ces maraudeurs aurait dû mettre en défiance, au lieu de rapprocher ses compagnies de la frontière ou tout au moins les unes des autres, continua de les tenir dispersées et, la veille de la bataille de Lescun, nous retrouvons son bataillon disséminé un peu partout comme il l'avait toujours été depuis sa création.

En première ligne, la 4ᵉ compagnie (Pélissié) gardait le chemin du Somport. Elle était cantonnée à Urdos avec un poste de 8 hommes à un kilomètre en avant du village et un autre de 25 hommes à Lahorque, rive gauche du gave d'Aspe. De ce point on pouvait défendre le chemin de la Vallée et garder par de petites patrouilles celui du Baralet.

Le ravin de Bélonce n'était surveillé, comme nous l'avons déjà vu, que par une patrouille de quatre hommes détachés de Borce et relevée tous les jours.

Le col de Pal était gardé par un solide poste fortifié, établi sur le petit plateau d'Itchaxe, à 2 kilomètres environ en arrière de la frontière; 50 hommes, sous le commandement du lieutenant de la compagnie Ferrandou (7e), étaient chargés de le défendre. Ce poste devait, par ses patrouilles, surveiller constamment le col de Lacouarde.

La 8e compagnie fournissait également un poste fortifié de 30 hommes à Lamary (4 kilomètres en arrière du col de Pétragème). Le lieutenant Mondine, de Bedous, y commandait. Le reste de cette compagnie (capitaine Castaing) occupait, à 3 kilomètres en arrière du poste de Lamary, celui de Labaigt de Lamary pour surveiller le col de Larraille et soutenir Mondine.

En deuxième ligne se trouvaient : le reste de la 7e compagnie (Ferrandou) et toute la 5e (Troussilh), à Lescun; la 6e (Minvielle, d'Arette), à Lhers ; la 3e (Anchou) et la compagnie de grenadiers (Tresmontant) à Borce. C'est également à Borce que cantonnait l'État-major du bataillon composé du commandant Guipouy, de l'adjudant-major Guichard et du chirurgien Sarraillé, de Bedous. Enfin, tout à fait en arrière, la 1re compagnie (Laclède) occupait Bedous; Minvielle, d'Accous, était avec la 2e compagnie à Accous même.

L'effectif du bataillon était d'environ 950 hommes. Pour le soutenir il n'y avait plus personne jusqu'à Oloron, siège de la 6ᵉ division militaire, commandée à ce moment par le général Marbot qui, six ans plus tard, devait trouver une mort glorieuse au siège de Gênes. Le général Robert lui était adjoint. Ces deux officiers généraux ne disposaient du reste que d'un bataillon de volontaires et de quelques gardes nationaux mal armés.

Jusqu'à cette même époque, une division espagnole de 6.600 hommes de bonnes troupes occupait les cantonnements de Jaca, d'Hecho et de Anso. Elle était commandée par le comte de Castel Franco, grand d'Espagne, colonel honoraire des gardes Wallonnes, capitaine général des Armées de Charles IV, et détachée de l'Armée Royale d'Aragon. A ces forces régulières, très bien organisées, pouvait se joindre un contingent de 1500 hommes de milice et un millier de paysans armés, en tout, 9.000 hommes environ. Il est vrai que ces paysans aragonais n'étaient que des maraudeurs et des pillards sur lesquels on ne pouvait compter. Cette division disposait encore de deux ou trois falconettes (petits canons) facilement transportables à dos de mulet. Dans la soirée du 4 septembre (12 fructidor an II) le comte de Castel Franco envoya à ses troupes l'ordre de se rassembler le lendemain à Hecho. Il y transporta son quartier général le 6 au matin.

Ce même jour, à la tombée de la nuit, la division aragonaise se mit en marche, suivie de 2.000 hommes de milice et précédée de nombreuses bandes d'irréguliers qui avaient l'ordre de chercher à se faufiler entre nos postes pour guider la colonne après avoir franchi la montagne.

Cette première partie du plan ne réussit que trop bien, car, vers minuit, au moment même où l'avant-garde espagnole, composée du régiment des gardes Wallonnes, arrivait devant le poste d'Itchaxe, les incendies commençaient à s'allumer dans le cirque de Lescun, indiquant à la colonne par leurs sinistres lueurs le chemin qu'elle devait suivre.

Le détachement de la 7ᵉ compagnie, mis en éveil pendant la soirée par la vue de quelques maraudeurs, se tenait heureusement sur ses gardes et lorsque le régiment des gardes Wallonnes se présenta devant Itchaxe il fut reçu par une vive fusillade à laquelle il lui était impossible de répondre d'une manière efficace. En effet, le passage en avant du poste était très mauvais et très étroit, et, encore aujourd'hui, c'est la partie la plus difficile de la Vallée; par suite, l'avant-garde ennemie ne pouvait occuper qu'un front très resserré en face d'un poste beaucoup plus large.

Ce furent ceux qui avaient cru surprendre qui furent surpris et à l'énergie de la résistance qu'ils éprouvèrent, ils pensèrent avoir devant eux des forces sérieuses. Voyant l'attaque faiblir, le lieutenant qui commandait à Itchaxe, et dont je regrette de n'avoir pu retrouver le nom, pensa pouvoir tenir jusqu'à l'arrivée de renforts et fit partir deux hommes connaissant bien la montagne pour annoncer à Lescun et à Borce que le poste était attaqué par des forces qui paraissaient considérables.

Pendant ce temps, un fort détachement espagnol gagnait le col de Larraille et descendait le ravin tourmenté de Lazerquet. Il arriva un peu avant la pointe du jour devant le poste de Labaigt de Lamary, que commandait le capitaine Castaing, et fut aussi mal reçu que les gardes Wallonnes l'avaient été à Itchaxe. Étonné de cette résistance à laquelle il ne s'attendait pas, le chef du détachement se replia sans renouveler son attaque sur la colonne principale. Celle-ci envoyait également un peu plus tard un autre détachement sur le col de Lacouarde avec mission de descendre dans la direction de Lhers.

Mais cette colonne avait une longue route à parcourir et ne pouvait arriver au col qu'à la pointe du jour ; de plus, son chef rendu prudent par la résistance rencontrée par l'avant-garde, ne marcha que lentement. C'est ce qui sauva les défenseurs du poste d'Itchaxe, qui auraient pu facilement être tournés par le col de Gourgues. L'énergique lieutenant qui les commandait put se maintenir jusqu'à la pointe du jour. Mais alors, les Espagnols se rendant compte qu'ils avaient été arrêtés par quelques hommes seulement renouvelèrent leur attaque et enlevèrent le poste d'autant plus facilement que les munitions commençaient à manquer. Les volontaires Aspois, réduits de moitié, se mirent lentement en retraite vers la plaine d'où montaient des nuages de fumée.

C'étaient les bordes ou fermes de la Vallée qui brûlaient. Elles renfermaient malheureusement d'abondants fourrages et céréales et leur destruction allait ruiner le pays pour plusieurs années.

Quoique l'affaire de Lescun, par le nombre de troupes engagées ait été plutôt un combat, je lui donnerai le nom de bataille, tant, parce que c'est sous ce nom qu'elle est connue dans le pays qu'à cause de son influence considérable sur la suite des opérations.

— VI —

Bataille de Lescun.

L'opiniâtre résistance de la poignée de braves contre laquelle échouèrent, cinq heures durant, les efforts des vieilles troupes de Castel Franco, avait permis à la défense de s'organiser.

Le capitaine Ferrandou accourut de Lescun avec le reste de sa compagnie, suivi de près par le capitaine Troussill. C'est sur le plateau des Prats, au débouché du ravin d'Itchaxe dans le cirque, que ces deux compagnies rallièrent le détachement du poste, et c'est dans une ravissante clairière dont les arbres aujourd'hui centenaires ont assisté en muets spectateurs à cette lutte épique, que les deux capitaines réussirent, un moment, à arrêter la marche de l'ennemi.

De son côté, le commandant Guipouy avait quitté Borce avec la compagnie Anchou et gagné Lhers par le col d'Udapet. Il avait en même temps fait partir la compagnie de grenadiers du capitaine Tresmontant par le ravin de Bélonce, avec ordre de gagner la frontière et de couper l'ennemi vers le col de Lacouarde.

Comme l'adjudant-major du bataillon était absent, c'est son chirurgien, Sarraillé, de Bedous, que le commandant avait envoyé à Urdos porter au capitaine Pélissié la dépêche suivante :

« Citoyen Capitaine,

» J'ai fait partir les grenadiers vers la frontière et droit
» à la montagne Saubathou ; tu partiras sur le champ avec
» ta compagnie pour aller les joindre et moi je pars vers
» Lescun. »

Pélissié rassemble aussitôt ses hommes et gagne le col de Saubathou par Labaigt d'Aubisse (vallée du Baralet).

C'est non loin du Saubathou, en un point nommé Bisanère, qu'il allait rejoindre Tresmontant dont les grenadiers impatients n'attendaient qu'un signal pour se jeter dans le flanc de la colonne ennemie en marche.

A la même heure, le capitaine Laclède, de Bedous, se rendant à l'exercice avec sa compagnie, entendit le bruit lointain des détonations, répercutées par les échos de la montagne. Sans perdre une minute il fait chercher des munitions et prévenir à Accous la compagnie Minvielle qui allait également partir pour la manœuvre.

A Lhers, Minvielle, d'Arette, n'avait pas attendu l'ordre pour remonter le Labadie et chercher à gagner la vallée de l'Itchaxe en passant par dessus la montagne. Malheureusement, la longueur et le mauvais état du chemin devaient singulièrement retarder son entrée en ligne.

Enfin, la compagnie Castaing, ralliée par son détachement de Lamary (lieutenant Mondine) recevait de Ferrandou le conseil de se replier tout en restant sur le flanc gauche de l'ennemi.

Vers huit heures, les positions occupées sont à peu près les suivantes :

La colonne espagnole débouchant dans le cirque se déploie lentement. Elle renforce son avant-garde pour chercher à envelopper les deux compagnies Ferrandou et Troussilh qui lui opposent une résistance énergique. Le détachement espagnol envoyé par le col de Lacouarde s'avance péniblement dans la vallée du Labadie et ne va pas tarder à rencontrer la compagnie Anchou qui arrive de Borce par le col d'Udapet.

En dehors des trois compagnies, Ferrandou (7e), Troussilh (5e) et Anchou (3e), qui sont ou vont être en ligne, le reste du bataillon avance rapidement.

Les compagnies Tresmontant (Grenadiers) et Pélissié (4e) sur le flanc droit et en arrière de l'ennemi vont se rejoindre près du col Saubathou ; Minvielle, d'Arette (6e) débouche entre Ferrandou et Anchou mais un peu en retrait. Plus en arrière encore, les compagnies Minvielle, d'Accous et Laclède (2e et 1re) viennent de quitter Bedous et Accous ; enfin, à l'extrême droite, la compagnie Castaing (8e) se replie lentement par le chemin du col de Pétragème et va se trouver tout naturellement sur le flanc gauche de l'ennemi.

Pour la clarté du récit, je vais étudier la marche de la bataille de 8 heures du matin à 1 heure, au moment où la panique se mit dans les rangs ennemis ; puis de 1 heure à la tombée de la nuit (retraite des vaincus). Dans ces deux phases je prendrai successivement chacune des petites colonnes françaises, dont les chefs, qui voyaient tous le feu pour la première fois, surent, à force de courage, de bon sens et d'initiative suppléer à leur défaut d'instruction militaire.

Comme dans la plupart des combats de montagnes, il n'y eut, en effet, à peu près aucune direction de la part du chef, le commandant Guipouy, qui ne pouvait communiquer avec ses lieutenants. Chacun se battit pour son compte, d'abord avec l'énergie du paysan qui défend son foyer, puis avec la folle témérité et l'orgueilleux enthousiasme que donne la victoire.

Attaque de Lescun.

Pendant deux heures, l'ennemi ne progresse qu'avec peine, la colonne se trouve dans l'obligation de marcher en file indienne, et les passages difficiles, assez nombreux depuis la frontière jusqu'au débouché dans le cirque, forcent les Espagnols à s'égrener. Les distances augmentent, chaque faux pas retarde la marche et chaque à-coup se fait sentir jusqu'aux derniers éléments en marche.

Vers 10 heures, le Comte de Castel Franco, ayant près de la moitié de son monde sous la main, veut en finir avec les quelques hommes qui sont devant lui. Il donne l'ordre d'attaquer sur toute la ligne et de porter les troupes qui se trouvent encore en arrière sur sa droite, de manière à déborder Lescun par l'Est et à couper la retraite aux défenseurs du plateau.

Ce mouvement était d'autant plus facile à exécuter que l'ennemi, en débouchant du plateau des Prats sur celui de Lozard, trouvait devant lui un accident de terrain très favorable à l'exécution de sa manœuvre : une double pente descendante du Sud au Nord et de l'Ouest à l'Est, qui allait l'amener au Sud-Est de Lescun.

D'où il était, le général ennemi ne pouvait se rendre compte qu'un ravin de plus de quarante mètres, au fond duquel courait un torrent impétueux, allait mettre obstacle à la marche de sa droite et permettre aux Aspois de déboucher sur son propre flanc sans être vus.

Dès que la ligne s'ébranle, Ferrandou et Troussilh sont vite ramenés jusqu'au Gave, qu'ils traversent rapidement au pont du Moulin pour se reformer de l'autre côté. A onze heures, les débris des deux compagnies garnissent la rive gauche et renforcés par les habitants valides du village, armés des fusils des morts et des mourants, parviennent à s'y maintenir quelque temps, grâce à la force de la position.

Véritable torrent, le Gave coule, en effet, dans une profonde coupure qui atteint à cet endroit de 35 à 40 mètres. Il était d'autant plus difficile à traverser à ce moment que des pluies récentes avaient considérablement augmenté son débit ordinaire.

Mais que pouvait cette poignée de braves même avec la supériorité du terrain? Les Espagnols n'étaient-ils pas cent fois plus nombreux. Il était impossible à la résistance de se prolonger bien longtemps, aussi les femmes, les enfants, les vieillards poussaient-ils des cris de terreur. La victoire penchait définitivement en faveur des Espagnols qui commençaient à passer le Gave en amont par petits paquets et dont des détachements plus importants allaient atteindre la rivière non loin de la cascade et la traverser sur le pont hardi qui existait déjà à cette époque au-dessus du précipice.

Tout-à-coup, la droite ennemie s'arrête. Que se passe-t-il? Le pont a-t-il été coupé et le passage est-il impossible? Non, c'est mieux encore. Ce sont les compagnies Laclède et Minvielle, d'Accous, qui viennent de se déployer.

Laclède est arrivé par le chemin de la rive gauche,

Minvielle, un peu en arrière, par celui de la rive droite. Eux aussi ont eu de la peine à gravir les deux sentiers de chèvres où tout le monde doit marcher en file indienne. Des paysans leur avaient déjà annoncé la prise et le pillage de Lescun par l'ennemi, mais cette nouvelle n'avait fait que redoubler leur ardeur et leur désir de se mesurer avec lui.

Heureusement détrompés au fur et à mesure qu'ils se rapprochent du village, ils n'en sont pas moins rendus furieux par la vue des incendies allumés sur le plateau. Laclède, qui a laissé sa compagnie aux ordres de son lieutenant Sallenave pendant qu'elle recevait ses munitions, l'a précédée d'une demi-heure à Lescun et lui, qui allait recevoir le baptême du feu, apprécie la situation d'un coup d'œil.

Le commandant Guipouy, arrivé depuis une demi-heure environ, avait pris la direction de la défense. Devant le mouvement enveloppant de l'ennemi, il allait donner l'ordre d'évacuer la partie Sud du village pour prendre position plus en arrière. Seuls, les cris de terreur et de désespoir des Lescunoises affolées le font hésiter et prendre conseil de Ferrandou et de Laclède qui arrivait.

Ce dernier conseille de faire prendre aux femmes et aux enfants des bâtons, des faux, des manches d'outils et de les faire placer en pseudo-combattants, véritables figurants de la défense, derrière les buissons qui bordaient le chemin muletier de Lescun à Pétragème, par la rive gauche du Gave ; là, dissimulés en partie, tout en laissant dépasser au-dessus des haies leurs armes inoffensives, ils pourront facilement tromper l'ennemi qui croira à l'arrivée de nombreux renforts. Lui-même, avec l'aide de Minvielle, tentera un vigoureux effort sur la droite des Espagnols, et, pour achever de convaincre le commandant, ébranlé mais toujours indécis, il lui rappelle que Tresmontant et Pélissié ne vont pas tarder à entrer en ligne et à donner dans le flanc ou sur les derrières de l'ennemi. Cette dernière considération et la crainte que sa propre retraite n'entraîne la perte de ces deux compagnies, décident Guipouy à adopter les dispositions du jeune capitaine.

Chacun se met en devoir de les exécuter rapidement. Guipouy, Ferrandou et Troussilh vont encourager leurs hommes dans une résistance désespérée. Laclède rejoint sa compagnie qui longeait le Gave à peu près au Sud du village. A ce moment, Minvielle arrive juste à sa hauteur mais sur l'autre rive.

La première compagnie électrisée par son chef franchit le Gave sur quelques madriers à l'extrémité de la ligne espagnole et enlève la rive droite à la baïonnette aux cris de : « Vive la France ! »

Le point ainsi pris d'assaut est une sorte de promontoire à pic au dessus du torrent et qui le domine de 40 mètres (c'est celui sur lequel se trouvent aujourd'hui les fermes Espérabé, Cazabon et Cauhapé).

Les deux compagnies sont maintenant réunies et marchent sur le flanc même des Aragonais. Grâce à leur supériorité numérique énorme, ceux-ci, qui tout d'abord avaient reculé, se reforment, puis reprennent leur marche en avant. Mais Laclède, qui a pris le commandement des deux compagnies, fait battre la charge et pour la deuxième fois enfonce l'ennemi à la baïonnette. Nouvel arrêt des Espagnols qui, peu après, se reforment encore et refoulent de nouveau les nôtres.

La lutte menaçait de se continuer quelques instants indécise, puis de tourner définitivement à l'avantage du comte de Castel Franco qui recevait constamment de nouveaux renforts, lorsque tout-à-coup la crête entre le Labadie et l'Itchaxe, à hauteur du débouché de ce dernier ruisseau dans le cirque, se couronne de nuages de fumée.

C'étaient les compagnies Anchou et Minvielle, d'Arette. Après une marche des plus pénibles sous les bois du plateau de Lhers, elles avaient fini par atteindre la ligne de faîte, d'où elles tiraient à bonne portée et de flanc dans la colonne ennemie toujours en marche. Nous avions laissé ces deux compagnies, l'une partant de Lhers, l'autre de Borce. La première voulant marcher à la fusillade droit devant elle, avait bientôt rencontré des fourrés inextricables qui avaient ralenti sa marche. Ce contre-temps permit à la seconde, partie plus tard, de la rejoindre. Une fois réunies, elles avaient continué à régler leur marche sur la fusillade, mais le peu de praticabilité et de largeur des sentiers avait retardé jusqu'alors leur entrée en ligne.

Vers la même heure, la compagnie Castaing, cédant comme nous l'avons vu, aux sages conseils de Ferrandou, en se repliant de Lamary sur Lescun par le chemin du col de Pétragème (rive droite), débouchait à son tour dans le flanc gauche de l'ennemi. Celui-ci fit d'abord assez bonne contenance. Au pont du Moulin, les gardes Wallonnes, l'arme au bras, tentèrent même à deux reprises le passage du Gave; leur chef, le baron prussien de Hoortz, en tête, et sous les yeux du comte de Castel Franco, qui, entouré de son État-Major, continuait à diriger la bataille de la ferme Langlade (trois cents mètres environ au Sud-Est du pont).

Cette garde Wallonne, composée de vieux soldats, qui avaient combattu sur tous les champs de bataille de l'Europe, se conduisit admirablement, paradant comme à la manœuvre, marchant sans sourciller à l'assaut de la crête de la rive gauche du Gave, et entassant les cadavres aux habits bleus à parements rouges dans le sinistre ravin, sans modifier la vitesse ni même la cadence de sa marche. Les vainqueurs eux-mêmes furent, du reste, frappés de sa belle conduite, car le nom légèrement altéré de ces admirables soldats s'est transmis de génération en génération dans le pays et en 1895 plusieurs personnes âgées m'ont parlé des « Terribles Gardes-Ballon » qui avaient failli enlever le village malgré l'héroïque et désespérée résistance des Aspois.

Au deuxième assaut, Hoortz blessé grièvement passa pour mort aux yeux de ses hommes. Au même moment, il était environ une heure, les compagnies Minvielle et Laclède enlevaient par une troisième charge à la baïonnette et après une lutte acharnée, un petit mouvement de terrain situé au Nord-Est de Langlade.

Ce fut le signal de la victoire. Repoussés sur leur front et sur leur flanc droit, harcelés sur leur flanc gauche et sérieusement menacés sur leurs derrières, les Espagnols commencèrent, malgré les efforts désespérés de leurs chefs, à se débander en criant : « Estam cernada ! » nous sommes cernés [1].

Et cependant, malgré son désespoir d'abandonner une proie qu'il avait par deux fois crue acquise, le comte de Castel Franco ne connait pas encore toute l'étendue de son désastre. Aidé des officiers de son État-Major, il cherche à rallier les fuyards et avec les débris de la garde Wallonne et quelques compagnies de troupes fraîches, il parvient à rétablir un peu d'ordre et à transformer ce sauve-qui-

---

1. — « Estam cernada ! » cri de terreur poussé par les vaincus n'est pas la traduction littérale de « nous sommes cernés » qui, en pur castillan, se dit : « Estamos cernados » mais une triviale expression aragonaise.

peut général en une retraite honorable. C'est en vain que Laclède et Castaing tentent d'enfoncer ses flancs. Il peut, sans trop grandes pertes, gagner l'entrée du défilé d'Itchaxe, cette petite clairière des Prats qu'il avait eu tant de peine à enlever quelques heures plus tôt.

Un fort détachement de ses troupes y résistait assez facilement aux attaques répétées d'Anchou et de Minvielle, d'Arette, trop faibles pour l'entamer sérieusement. Au reste, ces deux compagnies commençaient à manquer de munitions et les vaincus qui n'avaient rien à craindre de leurs feux purent recueillir leur arrière-garde et faire filer sur leurs derrières, les mulets porteurs de munitions et d'équipages.

Mais là n'était pas le plus mauvais pas à franchir, et pour bien faire comprendre la situation critique dans laquelle allait se trouver le général espagnol, je suis obligé de revenir en arrière et de suivre au col de Saubathou les compagnies Tresmontant et Pélissié.

Nous avons vu qu'après une marche rapide, dans un pays des plus tourmentés, ce dernier avait rejoint la compagnie de grenadiers près du col, à Bisanère. Il était neuf heures et demie quand les deux capitaines se trouvèrent réunis. Le col de Lacouarde et le haut de la vallée du Labadie étaient, selon l'expression d'un témoin oculaire : « encombrés d'ennemis : c'était épouvantable à voir ; on » entendait le combat de Lescun et la fumée des incendies » s'apercevait au loin comme d'épais nuages »[1].

Ces ennemis étaient les Espagnols du détachement qui avait pénétré par Lacouarde à la pointe du jour et qui n'avait pas osé s'avancer rapidement. La colonne compre-

---

1. — Récit du sergent Larricq.

nait environ 1500 miliciens, le reste ayant été laissé au col de Pau pour assurer les communications. Ces forces ne valaient pas les régiments de troupes régulières que nous avons vues devant Lescun.

On leur avait cependant confié les falconettes qui, d'après les espions espagnols, pourraient plus facilement passer par ce chemin que par celui du col de Pau. Mais, grâce à la prudence exagérée du chef de cette colonne et au retard que le transport de ces falconettes apportait à la marche, elles n'allaient pas pouvoir entrer en ligne. C'est du reste ce qui les sauva, car n'étant pas encore très loin de la frontière, elles purent la repasser assez facilement.

Au moment où Pélissié atteignait le Saubathou, la tête de cette colonne arrivait à hauteur du col de Gourgues et allait le relier avec la colonne principale. Il n'y avait pas une minute à perdre si on voulait empêcher cette jonction et cependant une discussion violente s'engagea entre Tresmontant qui ne voulait pas exposer ses grenadiers contre des forces aussi importantes et Pélissié qui prétendait attaquer immédiatement. Tous les récits s'accordent sur ce point : que le commandant de la 4ᵉ compagnie força la main au capitaine de grenadiers, qu'il lui reprocha vivement son attitude timorée en ajoutant qu'il n'était pas digne de commander aux grenadiers. Tresmontant resta sourd à ces remontrances, mais Pélissié s'adressant aux deux compagnies réunies exalta leur courage dans une courte et vibrante allocution, à la suite de laquelle il les enleva facilement.

Pêle-mêle, grenadiers et volontaires descendirent obliquement le versant Sud du ravin de Labadie en se dirigeant vers la frontière, pendant qu'un détachement de 50 grenadiers, sous les ordres de leur lieutenant Labourdine, allait directement s'établir sur le flanc des miliciens.

Cette tactique, imprudente s'il en fût, en face d'un adversaire aussi supérieur en nombre, réussit au-delà de toute espérance. Sans attendre le choc des Français qui s'avançaient tambours battants et au pas de charge, l'ennemi s'enfuit dans tous les sens.

Le plus grand nombre des miliciens gagna la frontière et le reste le col de Gourgues pour rejoindre le corps principal. La poursuite devenait difficile, car des deux tronçons de la colonne ainsi coupée, l'un au moins pouvait se ressaisir, se reformer et prendre à revers les Aspois lancés à la poursuite de l'autre. Pélissié se montra aussi prudent qu'il avait été téméraire quelques instants auparavant. Il fit placer son monde en tirailleurs à mi-chemin entre les cols de Saubathou et de Lacouarde, face à la frontière, et ouvrit le feu contre l'ennemi dont quelques groupes se reformaient.

C'est là que Tresmontant, qui n'avait pas suivi ses hommes dans la charge heureuse à laquelle ils avaient pris part, rejoignit sa compagnie et qu'il fut tué. Il m'a été impossible de savoir s'il tomba sous une balle française ou sous une balle espagnole ; car, si d'une part tous les récits qu'il m'a été donné d'entendre de la bouche des vieillards de la Vallée, qui le tenaient eux-mêmes de leurs pères, s'accordent à dire qu'il fut tué par les siens ; si, d'un autre côté, des documents sérieux, des lettres, affirment également que ses grenadiers lui firent payer de la vie ce qu'ils considéraient, peut-être à tort, comme une trahison, il n'en est pas moins vrai que d'autres documents disent le contraire. Dans un récit qui porte des signes évidents de bonne foi et d'authenticité (celui du sergent Larricq, de la compagnie Pélissié, témoin et acteur dans cette lutte épique) ce brave sous-officier affirme que le malheureux capitaine mit son chapeau au bout de son sabre et se porta en avant pour se faire tuer, qu'à ce moment son sergent-major l'ayant fait retourner par force, il reçut dans le dos une balle espagnole qui traversa le baudrier de son sabre et lui resta dans le corps. Quoiqu'il en soit, et je ne veux pas trancher la question, il échappa ainsi à une mort plus honteuse, car alors, comme toujours, comme aujourd'hui encore, les règlements militaires ne plaisantaient pas avec ceux qui hésitaient à faire leur devoir, surtout quand les résultats tournent à la confusion des timorés.

Cependant, vers une heure, l'ennemi revenu de sa terreur et commençant à se reformer, la position des deux compagnies, désormais sous les ordres du seul Pélissié, menaçait de devenir critique. Le capitaine fit remonter à ses hommes les pentes sur lesquelles ils venaient de charger si brillamment, il les reforma en bon ordre, face à l'ennemi et se tint prêt à recevoir l'attaque. En présence de cette énergique attitude, les Espagnols, au lieu de le poursuivre, se replièrent lentement et en ordre.

Devant ce mouvement de recul, Pélissié avait à choisir entre deux plans : ou se lancer sur la partie la plus faible de la colonne, qui fuyait vers le col de Gourgues, ou bien se jeter sur les derrières de la plus forte fraction et la ramener de l'autre côté de la frontière. C'est à ce dernier parti qu'il s'arrêta, car les fuyards qui se repliaient sur la colonne principale par le col de Gourgues étaient déjà trop éloignés.

Le pic de Burcq, qui domine de plus de cent mètres cette partie du champ de bataille, sépare le col de Pau de celui de Lacouarde. Si Pélissié parvenait à s'en emparer, il interdirait aux miliciens tout retour offensif par Lacouarde et tiendrait de plus sous son feu la colonne principale que le bruit de la fusillade lui indiquait en retraite sur le col de Pau.

C'est ce dont il se rendit bientôt compte ; aussi chargea-t-il Labourdine de faire directement face aux miliciens et de protéger par un feu nourri l'attaque que lui-même allait conduire contre les pentes Nord-Est du pic de Burcq.

Un premier assaut échoua et les grenadiers subirent même des pertes assez sensibles ; mais Labourdine disposa son monde sur un rang, face à l'objectif, pendant que le capitaine, se glissant par un pli de terrain, gagnait du chemin sur sa droite puis parvenait, par une escalade rapide, jusqu'au sommet du pic.

Les cent ou deux cents miliciens, qui étaient chargés de le défendre, n'avaient même pas attendu l'attaque et s'étaient enfuis précipitamment en abandonnant les bagages, munitions et vivres dont ils avaient la garde. Les grenadiers et volontaires qui n'avaient rien mangé depuis le matin, purent enfin, aux frais des vaincus, prendre quelque nourriture pour se soutenir. Il était deux heures ou deux heures et demie environ.

Retraite de l'ennemi.

C'était l'heure à laquelle le comte de Castel Franco ralliait ses troupes pour organiser la retraite et nous pourrons maintenant nous rendre compte de la situation dangereuse dans laquelle il se trouvait. Son détachement de droite avait déjà été refoulé en Espagne ; les premiers fuyards de la colonne principale allaient atteindre la frontière au col de Pau et l'arrière-garde qui la protégeait tenait encore le plateau des Prats.

La division Aragonaise allait donc défiler pendant sept kilomètres de mauvais chemins, en file indienne, d'abord sous le feu des compagnies Minvielle, d'Arette, et Anchou, établies au-dessus de la ligne de crête de la rive droite de l'Itchaxe, à la sortie de la gorge (à hauteur de la ferme Gaye actuellement) ; puis au col de Pau, sous celui beaucoup plus meurtrier des compagnies Pélissié et Labourdine.

Les compagnies Ferrandou et Troussilh étaient très affaiblies et exténuées : n'ayant plus ni forces ni munitions, elles furent obligées de s'arrêter un moment pour se reposer, manger et ramasser sur les morts et les blessés des deux armées les munitions dont elles manquaient.

Laclède, Minvielle d'Accous, suivis de Castaing, dont la compagnie avait le moins souffert, prirent la tête. Ce mouvement permit à l'ennemi de se dégager assez facilement. Il défila même sans trop de pertes sous le feu peu nourri des compagnies Anchou et Minvielle, d'Arette, auxquelles étaient venus se joindre de nombreux montagnards que la vue des incendies du cirque avait rendus furieux ; à court de munitions, cette faible troupe n'en continua pas moins à poursuivre latéralement l'ennemi par les crêtes, en faisant rouler des pierres et des quartiers de rochers sur l'arrière-garde aragonaise qu'elle chargea, par deux fois, à la baïonnette.

Ce genre d'attaque est plus effrayant qu'efficace ; d'autre part les quartiers de rocher et les pierres que l'on voit venir de loin peuvent être facilement évités, lorsqu'on n'est pas blessé ; aussi les Espagnols ne perdirent-ils pas beaucoup de monde en cet endroit.

C'est au col de Pau qu'ils devaient subir les plus grandes pertes. Excités autant par leurs succès du matin que par le vin espagnol si alcoolisé qu'ils avaient trouvé en quantité dans la prise faite au pic de Burcq, les grenadiers et les volontaires de la 4ᵉ compagnie voulaient descendre au col de Pau même et fermer la route à toute la colonne.

Malgré son grand ascendant, Pélissié eut beaucoup de peine à les retenir en leur exposant que c'était folie de vouloir attaquer le poste laissé au col par le comte de Castel Franco, au moment où plus de 4.000 hommes arrivaient en quelque sorte à son secours.

Il se contenta d'embusquer ses hommes, face au col de Pau, une partie tiraillant avec le poste qui y était établi, l'autre criblant au passage les Espagnols terrorisés. Ce véritable massacre dura la plus grande partie de l'après-midi et lorsque la colonne se fut presque entièrement écoulée, au prix des plus grandes pertes, Pélissié, cédant enfin à l'enthousiasme de ses hommes, coupa les dernières fractions ennemies, celles qui avaient combattu avec la plus grande somme d'énergie. Pris entre le commandant Guipouy et le capitaine de la 4ᵉ compagnie, ces excellents et braves soldats préférèrent mourir les armes à la main que de se rendre. L'étroit passage qu'ils avaient forcé la nuit précédente avec tant d'enthousiasme fut jonché de leurs cadavres.

Comme Ney et Richepause devaient le faire six ans plus tard à Hohenlinden, Guipouy, Laclède et Pélissié s'embrassèrent au col de Pau; puis sans perdre de temps continuèrent la poursuite. Elle ne donna plus de grands résultats, les Espagnols ayant profité des rapides pentes gazonnées de la splendide vallée d'Aigues-Tortes pour fuir avec rapidité, pendant que leur arrière-garde s'était fait massacrer au passage du col. Les vainqueurs ramassèrent quelque butin à la fontaine de Santa-Cruz, à mi-chemin, entre la Casa de la Mine et la frontière.

La nuit commençait du reste à tomber et l'obscurité permit à un grand nombre de fuyards, qui avaient pris à travers la montagne, de regagner l'Espagne sans être inquiétés par les Aspois. Ceux-ci avaient, au surplus, hâte de rentrer à Lescun pour y jouir de leur triomphe et y prendre un repos bien mérité.

Un spectacle terrible les attendait au retour. Un certain nombre de Lescunois et de pâtres de la montagne, rendus furieux par l'incendie de 84 de leurs granges, avaient suivi la colonne et impitoyablement massacré tous les blessés isolés que des volontaires ne protégeaient pas. Un seul d'entre-eux, paraît-il, échappa à leur fureur, mais pour mourir le surlendemain à Bedous des suites de ses blessures : c'était le capitaine d'Esquille, cet émigré béarnais qui avait conseillé au comte de Castel Franco son malheureux plan d'attaque.

Longtemps après, des pasteurs qui parcouraient la montagne, retrouvèrent encore et des cadavres et des ossements. L'ennemi perdit près de 900 morts auxquels il faut ajouter 450 prisonniers ou déserteurs que les volontaires protégèrent contre les paysans furieux. Le comte de Castel Franco avait donc laissé devant Lescun le septième de son effectif. Quant au bataillon des Basses-Pyrénées, il ne perdit qu'une centaine d'hommes morts tant sur le coup que des suites de leurs blessures. Le sous-lieutenant Sallenave, de la 1ʳᵉ compagnie, fut blessé d'un coup de feu.

— VII —

Enseignements à tirer de la Bataille de Lescun.

Après avoir rendu un juste tribut d'hommages au 5ᵐᵉ bataillon des Basses-Pyrénées qui sauva la vallée d'Aspe et la riche cité d'Oloron du pillage et peut-être de l'incendie, il me reste à examiner la valeur des dispositions militaires prises de part et d'autre et à étudier les causes du revers des Espagnols.

La journée du 15 fructidor avait été des plus honorables pour nos armes et avant de critiquer, je ne saurais trop revenir encore sur les qualités personnelles des commandants de compagnie, acteurs indépendants dans la lutte, et sur la valeur des hommes, auxquels on avait pu tout demander : j'insisterai même sur ce fait que chefs et soldats voyaient le feu pour la première fois et s'étaient cependant tirés d'affaire comme de vieux soldats.

A la vérité, cette bataille n'était qu'un combat, nous l'avons déjà dit : mais un combat aussi acharné qu'important par les résultats obtenus.

Ce qu'il faut examiner maintenant, c'est la question de savoir si en d'autres temps, avec des adversaires disposant d'autres moyens d'action plus énergiques, il aurait été possible, dans les mêmes conditions, d'arriver au même résultat.

Voilà la question qu'il importe d'éclaircir, pour ne pas trop tabler sur ce succès et ne pas s'écrier avec ce dithyrambique garde national de 1848 : « *Si quelque jour une
» nouvelle invasion venait à menacer le pays, si quelque
» nouveau Xerxès espagnol doit s'aventurer dans les
» gorges d'Urdos, le courage des Aspois ne ferait pas plus
» défaut qu'en 1794 et au premier signal de nouveaux
» Léonidas s'élanceront comme alors pour faire payer
» cher à l'ennemi sa folle confiance et sa témérité.* »

Il ne s'agit presque plus de courage aujourd'hui, et malheureusement, car dans des âmes françaises on en trouverait toujours, quelquefois même trop. Mais il s'agit de savoir, si en face d'un ennemi intelligent, expert dans l'art de la guerre, disposant des moyens d'action actuels, connaissant le terrain et fermement résolu à vaincre, il s'agit de savoir, dis-je, si les mêmes dispositions et combinaisons mèneraient à des résultats identiques et seraient couronnées d'un pareil succès.

Et à cela, je n'hésite pas à répondre : « C'est plus que douteux. » Au point de vue tactique, de grandes fautes ont en effet été commises et je vais les examiner, les étudier, pour, le cas échéant, éviter d'y retomber.

Afin de mieux les faire toucher du doigt, supposons un instant que le comte de Castel Franco, mieux soutenu par les détachements envoyés sur ses deux flancs, moins éventé par les pillards armés qui avaient incendié les granges, ait réussi à enlever plus rapidement le poste d'Itchaxe. Que serait-il arrivé ?

L'ennemi débouchant par trois voies différentes se fût

déployé plus vite, eût enlevé Lescun avant l'arrivée de Laclède et de Minvielle qui auraient été massacrés dans le ravin du Gave ; les détachements de Lhers et d'Accous auraient eu toutes les peines du monde à s'enfuir. Pélissié n'aurait même pas osé risquer son attaque et Castaing eût été cerné sans avoir pu rien faire.

Une démonstration des Espagnols par le Somport et par le col de l'Insole entrainait des conséquences plus regrettables encore ; les forces des Français plus divisées et plus incertaines du véritable point d'attaque n'auraient pu tenir une demi-journée et c'en était fait de la vallée d'Aspe et d'Oloron.

Et pourquoi ? Parce que le commandant Guipouy avait son bataillon trop disséminé ; ses compagnies à une ou deux heures les unes des autres ; ses fractions de compagnies plus dispersées encore. Avec le grand front qu'il fallait couvrir, les compagnies de Bedous et d'Accous auraient dû se trouver l'une à Lescun, l'autre à Udapet avec le commandant et l'État-Major du Bataillon. Urdos aurait dû recevoir l'une des compagnies de Borce qui n'aurait conservé que les grenadiers. De cette manière, en cas d'attaque par le Somport, la défense aurait disposé immédiatement de trois compagnies, celle d'Udapet aurait été à Borce en une heure, et celle de Lhers moins de trois heures après que l'ennemi aurait été signalé. En cas d'attaque par Lescun, il y aurait eu quatre compagnies dans le cirque même et deux autres une heure plus tard. Ce qui n'aurait pas empêché les autres compagnies de prendre part à la défense dans le même espace de temps et dans les mêmes conditions.

Dégarnir complètement la route du Somport à l'approche de l'ennemi fut aussi une faute militaire grave ; il n'y resta que huit hommes et un sergent retranchés à Lahorque. Qu'aurait fait cette poignée de volontaires si seulement une faible attaque s'était produite de ce côté ?

Il semble que Pélissié aurait dû laisser la moitié de sa compagnie à Urdos et ne se porter au secours du poste d'Itchaxe qu'avec l'autre moitié. Il est vrai qu'il eût moins bien rempli son rôle mais, je le répète encore, quel désastre n'eût-il pas subi si seulement quelques compagnies espagnoles avaient pénétré par Urdos ?

Sans trop entrer dans le détail des faits nous voyons donc que les dispositions prises étaient mauvaises. Mais le succès grise et rend aveugle, aussi ne faut-il pas s'étonner de voir, après le 5 septembre 1794, le commandant du Bataillon, et plus tard ceux qui lui succédèrent, continuer les mêmes errements. Les avant-postes conservèrent leur effectif et leurs emplacements primitifs : les cantonnements furent aussi disséminés qu'autrefois, on se contenta d'augmenter le nombre des villages occupés en même temps qu'augmentait le nombre des compagnies destinées à la défense. Ce n'est qu'en 1814, comme nous le verrons plus loin, que le capitaine Minvielle d'Accous, devenu commandant, modifiera ou fera modifier en partie ces mauvaises dispositions.

A la décharge de ceux qui commandaient, je suis forcé de reconnaître qu'à l'époque où ils vivaient il leur était difficile de faire autrement.

Les chefs tenaient leurs galons de leurs subordonnés et par ce fait étaient obligés souvent à de petites capitulations de conscience qui leur faisaient beaucoup trop soutenir les intérêts de leurs hommes et même ceux de leurs familles. Les idées de liberté qui venaient de se faire jour devaient être poussées à l'excès et l'autorité du commandement n'était pas toujours bien reconnue. Ceci dit pour expliquer que les villages, craignant les incursions de bandes armées qui seraient venues les rançonner ou les piller, demandaient des garnisons à l'autorité militaire, et celle-ci n'osait les refuser.

C'est ainsi que nous voyons à deux reprises la commune de Borce faire des *représentations* au commandant de la force armée, non seulement pour obtenir le maintien des détachements qui en avaient été retirés provisoirement, mais encore pour que des patrouilles fussent envoyées à la frontière afin de protéger les troupeaux.

Ces exigences ne provenaient pas tant d'un manque de patriotisme que d'une mauvaise appréciation des intérêts généraux de la vallée.

Avant de parler des fautes commises par l'ennemi faisons remarquer que le commandant Guipony avait négligé d'occuper les cols de Lacouarde et de l'Insole et que ce dernier passage n'était même pas surveillé par une patrouille. Et cependant tous deux avaient une importance réelle, celui de Lacouarde surtout à cause de la proximité des cols de Pau et du Somport.

Maintenant que j'ai fait la critique des vainqueurs, il me sera plus facile et plus agréable à la fois de relever les fautes des vaincus.

Elles furent impardonnables.

N'avoir pas réussi avec 9.000 hommes, dont 6.000 de bonnes et vieilles troupes, à mettre à la raison un millier de jeunes volontaires mal instruits et de paysans mal armés, et cela quand on avait pour soi de nombreux espions, l'avantage de la surprise et la supériorité de l'armement, ne peut être que le résultat d'une incapacité rare et d'une imprévoyance peu compréhensible.

Le comte de Castel Franco ne prit même pas la précaution élémentaire de diriger une fausse attaque sur le Somport, de manière à diviser les forces de ses ennemis, dont ses espions lui avaient déjà révélé la faiblesse et la dispersion.

Il aurait fallu non seulement simuler une attaque sur le Somport, mais aussi sur le Pétragème. Pour organiser ces diversions il aurait pu se servir des irréguliers si maladroitement lancés dans la vallée d'Itchaxe et qui, autant par leur passage que par les stupides incendies des granges, avaient mis en éveil les postes de la frontière. Quant au détachement destiné à envahir la vallée de Lhers par Lacouarde, il fut envoyé bien trop tard et celui qui tenta de forcer le poste de Labaigt de Lamary devait avoir des instructions bien peu fermes pour s'être retiré si précipitamment.

Le commandement se trouvait donc en de mauvaises mains.

Était-il au moins bien secondé ? Non. L'attitude du chef du détachement dont je viens de parler suffit à le prouver. Quant au désastre subi par la colonne des miliciens entre le Saubathou et le pic de Burcq, il prouve surabondamment que le commandant de l'aile droite était peu énergique, timoré même et par dessus tout incapable.

Seul, le baron prussien de Hoortz, colonel des Gardes Wallonnes, semble avoir fait preuve de quelques connaissances militaires, d'un grand courage et d'une énergie peu commune.

Cette incapacité du commandant de la Division et de presque tous ses lieutenants, est la cause principale du désastre. Si les fautes de l'ennemi n'étaient pas venues peser dans la balance de leur poids énorme, le 5ᵉ bataillon des Basses-Pyrénées aurait pu faire preuve d'autant d'énergie, d'autant de courage et d'autant d'héroïsme, mais il n'aurait certainement pas obtenu le même succès.

Dans le cas, peu probable actuellement, où la vallée d'Aspe devrait être de nouveau mise en état de défense et occupée militairement, les enseignements de cette campagne autant que ceux de la tactique de montagne, indiqueraient clairement la répartition des troupes qu'il serait indispensable de moins disperser. Il serait également nécessaire d'améliorer les communications transversales, de préparer la transmission rapide des renseignements et de mieux surveiller les passages. En cours de lutte il y aurait lieu de ne jamais dégarnir tous les points lorsqu'un seul serait attaqué, imprudence qu'un adversaire plus habile aurait fait payer cher à Pélissié.

Telles sont les critiques et les enseignements que suggèrent à mon avis l'étude de cette glorieuse affaire. Celles-là, au reste, n'enlèvent rien au mérite et à l'intelligence des chefs et encore moins à la bravoure et à l'intrépidité des soldats.

— VIII —

Fin de la Campagne de 1794.

Depuis longtemps la nuit était complètement tombée lorsque les vainqueurs rentrèrent à Lescun, au milieu des cris de joie et des vivats de ceux qui, moins de douze heures auparavant, poussaient des cris de terreur et d'épouvante. Le commandant Guipony et Laclède, le véritable vainqueur de la journée, donnèrent au 5ᵉ bataillon des Basses-Pyrénées le repos auquel il avait droit. Les prisonniers furent enfermés dans l'église et dans un certain nombre de granges du village ; quelques hommes de bonne volonté furent préposés à leur garde.

Parmi eux se trouvaient beaucoup de gardes wallons et leur chef blessé, le baron prussien de Hoortz. Laclède qui l'avait fait prisonnier de sa main à l'attaque du moulin où il avait, quoique étourdi seulement, été laissé pour mort, Laclède, dis-je, arriva fort à propos pour l'arracher aux mains des Lescunois qui allaient lui faire un mauvais parti. Après que, sur son ordre, Sarraillé eût pansé le Colonel, il le fit fouiller : on trouva sur lui un état de renseignements donnant la composition et l'effectif de la division aragonaise. Cet officier, « de haute et belle stature, d'une

» figure et d'une éducation très distinguées », s'était bravement comporté.

Laclède lui rendit son sabre « arme d'honneur » à laquelle il paraissait tenir beaucoup. Le lendemain, il l'envoya à Bedous avec une escorte sans armes : le colonel de Hoortz parut très sensible aux sentiments généreux et chevaleresques de son vainqueur.

Les Aspois étaient rentrés à Lescun, porteurs de trophées de toutes sortes, et ramenant un nombre considérable de mulets chargés de munitions, cordages, matières incendiaires, salaisons, vivres et armes.

De ces dernières les vainqueurs firent une ample moisson. On en trouve encore dans le pays et il m'a été donné de voir, à Accous, le fort beau sabre espagnol dont le capitaine Minvielle avait depuis lors fait son arme de combat ; il l'avait pris à un officier supérieur aragonais.

Pour continuer mon récit je suis obligé de revenir un peu en arrière. Dans la journée du 7 septembre (18 fructidor) un messager partit de Bedous peu après le départ de Laclède et arriva à Oloron à la tombée de la nuit.

Marbot fit battre la générale dans les rues de cette ville et prescrivit au général Robert de se mettre en marche le plus tôt possible avec la garde nationale et tous les hommes valides de bonne volonté. Lui-même partit immédiatement avec une escorte de huit cavaliers, mais il se trompa de chemin et arriva au Somport où il faillit être fait prisonnier par quelques fuyards qui s'étaient sauvés à travers la montagne.

D'Urdos, où il se replia au plus vite, il envoya au 5ᵉ bataillon une lettre flatteuse, véritable ordre du jour, qui contenait le passage suivant :

« Mes chers Camarades,

» De suite que j'ai reçu la nouvelle de l'entrée de
» l'ennemi à Lescun, je me suis mis en marche pour vous
» rejoindre, mais je ne me suis nullement pressé, je savais
» que le 5ᵉ bataillon était là. »

Le 5ᵉ bataillon des Basses-Pyrénées fut, à quelques jours de là, cité à l'ordre du jour de l'armée des Pyrénées occidentales pour sa bravoure dans l'affaire de Lescun.

Tout le monde méritait des éloges, les chefs pour leur sang-froid et leur initiative, les hommes pour leur courage et leur endurance, car la plupart des volontaires avaient combattu tout le jour sans avoir mangé et en faisant une moyenne de 40 kilomètres dans un pays des plus difficiles. Pour de jeunes troupes qui recevaient le baptême du feu ce résultat était tout simplement magnifique.

Laclède, Pélissié, Ferrandou et son lieutenant méritent cependant une mention spéciale.

Le jeune héros de Bedous pour la justesse de son coup-d'œil, sa rapidité de décision et son intrépidité ; Pélissié, dont l'initiative, peut-être un peu trop entreprenante au commencement de la journée, avait été sagement prudente au moment de la retraite de l'ennemi ; enfin, Ferrandou et son brave lieutenant dont le nom reste malheureusement ignoré, pour leur courage, leur opiniâtreté et leur sang-froid.

En effet, si le premier sut organiser la défense et passer judicieusement de la défensive à l'offensive, si le deuxième put se jeter audacieusement sur les derrières de l'ennemi, ce fut grâce à l'héroïque défense du lieutenant, puis du capitaine de la 7ᵐᵉ compagnie, qui résistèrent pied à pied à un ennemi vingt fois supérieur en nombre et permirent aux renforts d'accourir pour prendre part à la lutte.

Lescun mit plus de vingt ans à se relever du pillage et de l'incendie de ses bordes et cela se comprend facilement quand on songe que durant ces vingt années toute la population valide était sous les drapeaux.

Nous avons vu plus haut que les compagnies après s'être tant bien que mal réorganisées, cantonnèrent à Lescun. Vers 3 heures du matin, le général Robert et la garde nationale d'Oloron arrivèrent.

On n'avait pas encore eu le temps de se reposer, qu'un homme détaché des avant-postes laissés la veille au soir à la frontière vint annoncer que l'ennemi reparaissait.

Mais ce n'était heureusement qu'une fausse alerte ; le poste d'Itchaxe, trompé par quelques faibles partis espagnols qui, dans leur fuite précipitée à travers la montagne s'étaient trompés de chemin, avait cru à un retour offensif de l'ennemi. Le soir même, nouvelle alerte aussi peu justifiée que la première : le poste de Lahorque, à son tour, annonçait l'arrivée des ennemis par le Somport. Heureusement qu'à Etsaut les deux bataillons réunis reçurent contre-ordre.

On put y passer la nuit sans nouvel incident et le lendemain chacun reprit les cantonnements du 6, qui furent gardés jusqu'au printemps suivant. Les postes de la frontière rentrèrent à la chute des premières neiges, le 20 octobre.

Le 5⁰ bataillon des Basses-Pyrénées, qui s'était signalé par cette chaude et héroïque défense à l'attention du général en chef, fut appelé vers cette époque à l'armée des Pyrénées occidentales.

Il prit part à la campagne de 1795 dans les provinces basques en Biscaye et dans l'Alava. Il eut l'honneur de servir sous La Tour d'Auvergne à Aspeytia (Biscaye), puis d'assister au siège de Bilbao qui se rendit le 17 juillet 1795. La guerre était terminée : cinq jours après Charles IV signait le traité de Bâle par lequel il reconnaissait la République et nous cédait St-Domingue.

Le 5e bataillon rentra à Oloron fort éprouvé par les maladies dues à un printemps pluvieux et à des fatigues exagérées. Peu de temps après il fut dirigé sur la Vendée.

C'est là qu'il constitua, avec le 2e bataillon de la Sarthe et le 4e des Hautes-Pyrénées, la demi-brigade de la Sarthe de première formation (mars 1797).

A la deuxième formation, elle prit le nom de 7e demi-brigade légère, qui devint plus tard le 7e régiment d'infanterie légère ; aujourd'hui l'héritier de cette gloire est le 102e régiment d'infanterie.

Au départ du bataillon pour la Vendée on envoya dans la vallée d'Aspe le 6e bataillon du Lot-et-Garonne et ce 4e bataillon des Hautes-Pyrénées qui devaient former demi-brigade avec notre 5e bataillon.

La tentative du 15 fructidor an II avait appelé, sur l'importance militaire de la vallée, l'attention du général en chef qui s'empressa de doubler l'effectif des troupes appelées, le cas échéant, à la défendre.

— IX —

Occupation de la Vallée en 1814.

Si cette victoire n'eut pas de lendemain, l'histoire de la Vallée ne se ferma pas tout à fait sur ces pages glorieuses et, comme nous allons le voir, elle n'eut jamais de revers à enregistrer.

Pendant toute la durée des guerres de la Péninsule, une partie des renforts que la France ne cessa d'envoyer en Espagne passa par le Somport, et la vallée d'Aspe fut chargée d'approvisionner Jaca et l'hôpital militaire de cette place.

Dès 1808. les Gardes Nationales du canton d'Accous, formées par communes et placées sous le commandement du chef de bataillon Minvielle d'Accous le même que nous avons vu capitaine lors de l'alerte de Lescun sont obligées d'escorter les convois muletiers menacés sans cesse par les guerillas.

Au printemps de 1810 elles durent occuper la frontière non loin de laquelle la présence de la bande de Sarto était signalée. Le chef de bataillon Renouvier, commandant de Jaca, la poursuivit vigoureusement et la dispersa. Après avoir contribué à arrêter quelques fuyards, les gardes nationaux regagnèrent leur village.

Une alerte du même genre eut encore lieu à la fin de l'année par suite de la présence de la guerilla de Longa dans le Haut Aragon.

A la suite de la retraite du Portugal, au commencement de 1812, la Vallée est réoccupée militairement par le premier régiment de la Vistule et le 3 mars la garde nationale est réorganisée. Un dépôt de prisonniers espagnols est établi à Accous et dès le 19 mars un hôpital est créé dans cette commune, en réquisitionnant un groupe de six maisons isolées formant Lazaret.

Le 21 juin 1813, la division Clauzel, venant de Logroño, arrive aux portes de Vittoria au moment où les Anglais venaient d'y pénétrer. Dès qu'il s'en fut rendu compte, le général français se retira promptement, craignant d'être coupé. Il traversa la Navarre, gagna Saragosse et se retira en France par Jaca et le Somport sans avoir eu aucun combat à livrer. Il ne séjourna pas dans la Vallée et rejoignit l'armée principale en passant par Oloron.

Le 1er juillet, quelques hommes de la bande de Mina font une apparition aux cols de Lacouarde et de Pau, et s'installent à la Casa de la Mine, mauvaise auberge située dans la vallée d'Aigues-Tortes, à une heure de la frontière. Cette nouvelle va hâter l'organisation défensive de la Haute-Vallée. Le général commandant la 11e division militaire à Oloron envoie 600 fusils et des munitions. Pendant tout l'été des travaux considérables sont faits pour améliorer les chemins et permettre un passage plus rapide aux renforts qui sont envoyés dans la péninsule.

Dans le courant d'août, la force armée établie dans le canton est renforcée. Minvielle est toujours commandant de la Vallée : instruit par l'expérience de 1794, il prend ou fait prendre les mesures suivantes :

Outre les gardes nationales sédentaires qui continueront à occuper chaque commune, il est créé une cohorte de quatre compagnies de 150 hommes ; le gros de cette cohorte est à Accous.

Pour assurer le service des communications, quatre piétons sont désignés dans chaque village ; l'un des quatre doit toujours être en service à Accous. Ce dernier village est chargé d'en envoyer un tous les jours à Oloron et celui-ci ne peut quitter la Sous-Préfecture avant d'avoir été relevé.

Les aubergistes et logeurs reçoivent l'ordre d'exercer une surveillance incessante sur les voyageurs et de chercher à tirer des renseignements de ceux venant d'Espagne. Tous les dix jours ils doivent fournir un bulletin de renseignements à Oloron et, dans les cas pressants, envoyer immédiatement leurs informations.

Des compagnies de chasseurs de montagne sont formées avec les ressources locales et des détachements de cette nouvelle troupe envoyés à Lescun, Borce et Urdos. Sur la frontière même, une garde de 48 pasteurs est armée et organisée militairement sous les ordres de l'un d'entre eux, Bertrand Bascouert.

Cette garde est chargée de défendre les gorges de la frontière contre les insultes des maraudeurs espagnols et de servir d'éclaireurs ou d'avant-postes aux chasseurs de montagne et à la garde nationale. Des piétons sont chaque jour envoyés vers eux.

Accous fournit 8 hommes pour cette garde frontière, Bedous 4, Osse 8, Lées 4, Lescun, Borce et Urdos chacune 8.

Enfin, comme conséquence des mesures précédentes et pour faciliter le ravitaillement de l'armée française en retraite, il est interdit aux bergers de faire paître les troupeaux au-delà et même trop près de la frontière.

Après le désastre de Joseph à Vittoria (21 juin 1813), le général Clauzel, qui commandait sa gauche, se retira en France par le Somport. Il laissa 500 hommes à Jaca, dont les Français avaient relevé les fortifications en 1810, et se replia sur le gros de l'armée à Oloron.

Grâce aux préparatifs de défense, dont l'ennemi eut connaissance, 1500 hommes franchirent la Vallée sans être inquiétés. Lorsque, le 12 juillet 1813, Soult arriva à Bayonne pour prendre le commandement de l'armée battue à Vittoria, il pensa immédiatement à prendre l'offensive. Dans ce but, le maréchal massa la plus grande partie de ses troupes à St-Jean-Pied-de-Port pour déborder la droite de Wellington et débloquer Pampelune.

Afin de couvrir son flanc gauche, il fit solidement occuper le Somport à Urdos et le cirque de Lescun. Repoussée à Oricain (ou Sorauren), cette tentative ne fut pas renouvelée ; mais le maréchal envoya la brigade du général Pâris renforcer encore les défenseurs de la Vallée, avec ordre d'y élever quelques retranchements.

C'est le 18 juillet que le baron Pâris établit son quartier-général à Accous. Il reçut le titre de commandant supérieur de la Vallée et disposa non seulement de sa brigade, qui comprenait de la cavalerie et de l'artillerie, mais encore des gardes nationaux et chasseurs de montagne auxquels furent adjoints 400 gendarmes à cheval.

Comme il n'y avait pas d'approvisionnements ou de magasins dans la Vallée, le général éprouva de nombreuses difficultés à se ravitailler et dut répartir ses troupes dans toutes les communes du canton.

Au mois de septembre, le maréchal eut un moment l'intention de déboucher par Jaca avec 50.000 hommes pour se relier en Aragon au maréchal Suchet, qui devait remonter la rive droite de l'Èbre avec 30.000 hommes. Mais ce projet, soumis à l'empereur, ne put être mis à exécution, tant parce que l'armée avait subi des réductions successives, qu'à cause du manque presque complet de routes et même de bons chemins muletiers.

Ce plan avait cependant reçu un commencement d'exécution et la brigade Paris était partie avec ordre de se porter en avant de St-Jean-Pied-de-Port, en passant par Jaca et Berdun. Elle ne dépassa pas cette première ville qu'elle se contenta de ravitailler en vivres et munitions et dont elle porta la garnison à 800 hommes. Le général se replia ensuite sans avoir rencontré l'ennemi, et le 8 septembre le commandement supérieur de la Vallée était de nouveau réorganisé comme avant.

Mais les réquisitions ruinaient peu à peu le pays, dont les ressources étaient faibles, et à chaque instant des difficultés éclataient entre l'autorité civile et l'autorité militaire.

Le 12 du même mois, le capitaine du génie Etchegaray fut chargé d'organiser défensivement l'auberge de Peyrenère, le pas d'Aspe et la porte de la Vallée dont on voit encore des traces sous le fort du Portalet. Il réquisitionna les matériaux, les moyens de transport et les ouvriers, et, vers le 15 octobre, ces travaux de défense étaient terminés. L'hiver, souvent précoce dans la montagne, allait commencer à se faire sentir et la neige ne tarda pas à rendre impraticables les cols de la frontière.

C'était cet auxiliaire précieux qu'attendait, du reste, le maréchal duc de Dalmatie ; mais, pressé par les événements, il donna un peu plus tôt l'ordre de ne laisser dans la Vallée que quelques centaines de gardes nationaux et des chasseurs de montagne sous les ordres d'un officier supérieur.

Le général Pâris quitta Accous le 15 octobre, se rapprocha de St-Jean-Pied-de-Port pour couvrir cette place, que venait d'abandonner le général Foy, et passa le commandement supérieur de la Vallée au colonel Monnerel. Cette brigade Pâris devait, peu de temps après, tenir une conduite superbe à la bataille d'Orthez et par son héroïque résistance permettre au Maréchal Soult d'organiser une savante retraite.

Du côté des Alliés, le général anglais Cole, soutenu par la division de Mina, fut chargé d'observer le Somport ; mais ses instructions lui prescrivaient de ne pas chercher à franchir la frontière.

Malgré le froid qui fut très précoce cette année, le colonel Monnerel ne voulut pas retirer tous ses postes avancés ; il laissa des détachements de chasseurs de montagne à Lescun, Lhers et Urdos et les gardes-frontière reçurent l'ordre de se retirer sur ces trois points.

La défense, désorganisée par le départ un peu précipité du général Pâris, fut préparée sur de nouvelles bases. Le 10 décembre, une garde nationale sédentaire, formée avec les hommes de 40 à 60 ans, remplaça la garde nationale active dans son service d'ordre et celle-ci constituée en cohorte forma une troupe mobile.

Le 18 février 1814, M. de Bois-Juzan, chef de la cohorte des grenadiers d'Oloron, remplace le colonel Monnerel, rappelé à l'armée de Soult, dans le commandement supérieur de la Vallée ; Minvielle, toujours chef de la cohorte active d'Accous, se porte à Urdos pour y renforcer le chef de bataillon Camou, chef de la cohorte mixte d'Urdos.

Le commandant Lasserre, chef de la 4e cohorte active, vient d'Oloron remplacer Minvielle à Accous, et une cohorte mixte est établie à Lescun.

Des nouvelles inquiétantes étant parvenues de Jaca, un détachement de chasseurs de montagne et les pasteurs de Bertrand Bascouert reçoivent l'ordre de reprendre leurs avant-postes. Enfin, le chef de bataillon Tarras reçoit le commandement de toutes les gardes nationales sédentaires de la Vallée.

Les munitions de guerre et les vivres sont tous les jours envoyés à dos de mulet à la frontière et les Aspois se préparent à défendre énergiquement leur Vallée le jour où la neige ne protègera plus leur frontière, de nouveau menacée, et cela au moment même où l'ennemi, qui vient de gagner la bataille d'Orthez (27 février), va les couper du reste de la France.

Mais, sur ces entrefaites, de graves événements qui vont changer la face des choses se précipitent entre la Seine et la Marne. Napoléon, abandonné de tous ceux qu'il avait gorgés d'honneurs et de richesses, abdique le 11 avril. Louis XVIII monte sur le trône et nos ennemis les plus acharnés deviennent nos amis !

Le 16 avril, le passage étant de nouveau devenu praticable, la division Mina qui occupait Jaca, évacué par sa garnison française avant la chute des neiges, franchit la montagne pour s'établir pendant quelque temps dans la Vallée. Les troupes françaises furent désarmées et licenciées et les Aspois rentrèrent dans leurs foyers, la rage au cœur et le désespoir dans l'âme, furieux de voir les espagnols qui avaient fui si honteusement devant eux vingt ans plus tôt, venir insolemment, sous le couvert d'une alliance trompeuse, pressurer leurs anciens vainqueurs et achever de ruiner leur malheureuse Vallée.

Sans tenir aucun compte de la pauvreté du pays, ni de la rareté des approvisionnements, Mina réquisitionna non seulement la nourriture de sa division, mais encore la fourniture de 3.800 rations pour l'hôpital de Jaca.

Le major Rabasquez, envoyé par cette place pour exécuter cette réquisition, exigea encore plusieurs bêtes à cornes pour réparation d'insultes imaginaires. Après le départ de Mina les passages des prisonniers français et espagnols continuèrent longtemps encore.

Ce ne fut que le 16 septembre 1814 que reparurent les premières troupes françaises. Un détachement de 20 hommes du 56ᵉ de ligne, commandé par un lieutenant, vint occuper Accous.

Les contingents espagnols que Mina fournit à Wellington après Orthez, comme ceux qu'il avait conduits dans la vallée d'Aspe, ont laissé une si mauvaise réputation que, sur les rives des Gaves comme sur les bords de l'Adour, toute bande d'écoliers turbulents, toute petite famille d'enfants terribles, reçoivent du maître courroucé ou des parents poussés à bout, le nom de « bande de Mina ».

— X —

De 1814 à nos jours.

L'abdication de Napoléon eut malheureusement lieu trop tôt au point de vue de la défense de la Vallée en 1814. Mieux comprise et mieux préparée qu'en 1794, cette défense eut certes donné d'aussi beaux résultats qu'alors, car Mina ne disposait pas d'un effectif supérieur à celui que le comte de Castel Franco avait conduit à la défaite. De notre côté, les forces disponibles étaient plus concentrées et trois fois plus considérables que vingt ans auparavant; les services des renseignements et des communications rapides se trouvaient mieux organisés, des fortifications sérieuses avaient été créées et les passages et voies de communication étaient plus praticables.

En juin 1815, un corps de 22.000 hommes, sous le commandement du général Clauzel, dit « Corps d'observation de la Gironde » est chargé de la mise en état de défense des Pyrénées occidentales. A la même époque, la convocation des gardes nationales est prescrite.

Le général en chef qui, deux ans plus tôt, avait trouvé son salut au Somport, n'oublie pas la Vallée par laquelle il avait opéré sa retraite. La défense est organisée avec les seules gardes nationales, à peu près comme elle l'avait été l'année précédente.

Aucun événement militaire ne se produisit sur cette frontière. La fortune de Napoléon sombra à Waterloo le 18 juin, mais les gardes nationales ne voulurent faire leur soumission au gouvernement de Louis XVIII que lorsque l'entrée du nouveau monarque à Paris (10 juillet) leur eût été officiellement annoncée. Elles furent, du reste, licenciées presque immédiatement.

A deux reprises, en 1820, puis en 1821, une épidémie de choléra morbus sévit en Espagne : un cordon sanitaire français fut installé à la frontière. A la même époque, des insurrections partielles, qui devaient amener l'intervention française, éclataient un peu partout.

Des rencontres entre insurgés et réguliers se produisirent tout le long de la frontière. A peu de distance du Somport, en particulier, eut lieu un combat entre d'anciens officiers et soldats de Mina et les troupes régulières du général Lopez-Banos. Une partie des insurgés, mis en déroute, se réfugièrent en territoire français ce qui donna lieu aux réclamations contradictoires des autorités des deux pays. Le Gouvernement français en profita pour maintenir le cordon sanitaire militaire bien après la fin de l'épidémie. Ce fut le commencement des difficultés entre la France et l'Espagne. Peu de temps après se produisit l'intervention française qui amena l'entrée en Espagne du duc d'Angoulême. Celui-ci fit triompher nos armes dans la facile campagne de 1823.

Le Somport ne joua qu'un rôle insignifiant pendant cette guerre ; la Vallée ne fut traversée que par quelques colonnes de prisonniers venant de Pampelune et par quelques faibles renforts et convois allant de France en Espagne.

De 1833 à 1840, la Vallée fut de nouveau occupée par de petits détachements de troupes françaises pour protéger la frontière contre les Carlistes; mais les événements principaux de l'insurrection se déroulèrent en Navarre et sur l'Èbre; nos troupes n'eurent qu'à recueillir et à désarmer quelques centaines de partisans de Don Carlos.

En 1840, l'horizon politique s'assombrit. Paris est entouré d'une enceinte protégée par des forts : une quantité d'autres places fortes sont remises en état ou créées.

Un fort fut prévu dans la vallée d'Aspe et, en 1848, le Portalet, à peu près terminé, reçut garnison : il n'a pas cessé d'être occupé jusqu'à nos jours et de nouveaux travaux ont constamment augmenté sa valeur défensive. En 1859, la grand'route actuelle fut achevée jusqu'à la frontière, mais ce n'est qu'en 1877, en pleine insurrection carliste, que les Espagnols la terminèrent sur l'autre versant des Pyrénées.

Le détachement qui occupe le fort Portalet est fourni par le 18e depuis le 1er novembre 1871. Il y avait alors une compagnie ; mais en 1872, d'autres compagnies sont détachées sur la frontière pour en surveiller de nouveau les abords et empêcher les carlistes ou les réguliers de violer le territoire national.

Trois ans plus tard, le 2 septembre 1875, le commandant du fort apprend qu'une forte colonne vient de franchir la montagne au Somport pour gagner le col de l'Insole. Le capitaine, qui n'a qu'un peloton avec lui, rallie en passant le détachement qui occupait Urdos et avec 60 hommes se met à la poursuite des carlistes, qui cherchaient à passer dans la vallée du Baralet. Il les atteint non loin et à l'ouest des forges d'Abel.

La colonne, quoique beaucoup plus forte que la troupe qui la poursuit, ne fait aucune difficulté pour déposer les armes et le détachement du Portalet rentre à Urdos le 3 septembre au matin, avec 260 prisonniers dont 1 colonel, 1 lieutenant-colonel, 2 officiers supérieurs et 45 officiers subalternes. Il s'était également emparé de 89 chevaux, 29 mulets, d'une quantité d'armes et de munitions.

A peu près vers la même époque, le maréchal Serrano, ancien chef, avec Prim, du gouvernement provisoire, s'enfuit également par la vallée d'Aspe et passe en France sans être inquiété.

Au mois de mars de l'année suivante, après la fonte des neiges, de nombreux carlistes, quelquefois même de forts détachements, sont encore arrêtés et désarmés par les compagnies du 18e qui rentrèrent définitivement à Pau au mois de mai suivant.

Telle est l'histoire militaire de la Vallée; sa plus belle page est celle de la bataille de Lescun, victoire glorieuse s'il en fut. Depuis lors, la vallée d'Aspe n'eut jamais à être défendue.

Aujourd'hui l'horizon politique est bien éclairci du côté des Pyrénées et la France n'a qu'à souhaiter une paix durable avec la noble nation castillane; ce n'est pas contre elle que nous aurons, du reste, à combattre désormais.

S'il m'était permis d'exprimer un vœu en faveur de l'historien futur, c'est qu'il n'ait plus de combats à enregistrer, ni de ce côté ni de l'autre des Pyrénées. Que dans l'avenir, la belle et grande voie de communications de Pau à Saragosse se contente de voir défiler les soldats amis des deux grands pays latins, bien vivants et bien unis !

ANNEXE I

Délibération des États de Béarn au sujet de l'invasion espagnole de 1585.

Comme ces jours passés les Aragonais et Espagnols ont entre eux fait une grande armée de 4 à 6.000 hommes et sans dire gare ont couru sur le dit présent pays et ont brûlé et mis à feu tout le lieu d'Urdos qui était dans la vallée d'Aspe en le présent pays et terre de Béarn bien inhumainement et ont pillé et volé et emporté tout ce qu'ils ont pu avoir et ils continuaient jusqu'à ce qu'ils trouvent résistance. De ce que le Roy et sa Majesté étaient bien déplaisants et n'entendent pas tolérer cette chose sans laisser passer, mais au contraire ils ont délibéré de le réparer et d'en prendre vengeance, tellement qu'il ne se trouvera pas, par écrit ni autrement que les Aragonais avaient brûlé un en Béarn que les Béarnais n'en aient pas brûlé dix. Et pour cela, ils ont délibéré d'exposer leur propre corps et personne et non seulement le présent pays, mais encore tout le Royaume et toutes leurs autres terres et Seigneuries et y employer tous leurs amis et alliés à cause de quoi ils ont mandé d'assembler les gens des dits États et aussi les Barons et Gentils Hommes dudit présent pays pour ce dessus pouvoir mieux les prier que pour défense du pays ou pour réparer ledit si grand outrage, déshonneur et dommage, ils veulent bien fournir quelques bons nombre de gens comme ils faisaient eux-mêmes de leurs propres terres et seigneuries.

Et un peu plus loin :

« De même on établit qu'ont été octroyés aux pauvres sinistrés par le feu d'Urdos en Aspe cent écus payables pareillement audit premier payement. »

(Archives départementales. *Établissements de Béarn*, 1487-1525. — C 680.) — (Traduction littérale du texte béarnais.)

ANNEXE II

État incomplètement reconstitué des Officiers du 5ᵐᵉ Bataillon des Basses-Pyrénées.

ÉTAT-MAJOR

GUIPOUY.......	*Chef de Bataillon.*
GUICHARD......	*Adjudant-Major.*
SARRAILLÉ......	*Chirurgien du Bataillon* (né à Bedous).

COMPAGNIE DE GRENADIERS

TRESMONTANT.........	*Capitaine* (né à Oloron).
LABOURDINE......... ou LABOURDIVE.........	*Lieutenant.*

1ʳᵉ COMPAGNIE

N. DE LACLÈDE.......	*Capitaine* (né à Bedous)[1].
SALLENAVE-CASEMAJOR.	*Sous-lieutenant* (né à Athas)[2].

2ᵉ COMPAGNIE

MINVIELLE...........	*Capitaine* (né à Accous)[3].

---

1. — La Biographie de Laclède est donnée à l'Annexe III.
2. — Sallenave-Casemajor devint capitaine et fut fait Chevalier de la Légion d'Honneur.
3. Minvielle avait été surnommé le Curé Capitaine parce qu'il avait été prêtre avant d'être soldat. Il mourut vers 1830, à Accous, après avoir été commandant de la Garde Nationale du canton, en 1814. Encore aujourd'hui ses concitoyens parlent de lui avec fierté et j'ai eu le plaisir de m'entretenir avec quelques personnes qui l'avaient connu.

3ᵉ COMPAGNIE

Anchou (ou Anchouts). *Capitaine* (né à Aramits).

4ᵉ COMPAGNIE

Pélissié............ *Capitaine* (né à La Plume, Gers)[1].

5ᵉ COMPAGNIE

Troussilh........... *Capitaine* (né à Etsaut)[2].

6ᵉ COMPAGNIE

Minvielle........... *Capitaine* (né à Arette).

7ᵉ COMPAGNIE

Ferrandou .... *Capitaine* (né à Aramits).

8ᵉ COMPAGNIE

Castaing............ *Capitaine* (né à La Plume, Gers).
Mondine............. *Lieutenant* (né à Bedous).

Dans le bataillon comptait également, comme volontaire, Darruile, Jean, plus tard baron de l'Empire puis Pair de France, lieutenant-général commandant les forces de Paris en 1818 et Grand Officier de la Légion d'Honneur.

---

1. — Pélissié était l'un des meilleurs capitaines du bataillon et des plus instruits ; il devint, par la suite, officier supérieur.

2. — Avant d'être capitaine, Troussilh avait été maire d'Etsaut ; il était de famille noble et s'était appelé de Troussilh.

ANNEXE III

Biographie de Laclède.

N. de Laclède est né à Bedous en 1773. Plusieurs de ses ancêtres furent syndics de la Vallée, et son père, Jean de Laclède, maître particulier des eaux et forêts, fut conseiller du Roi en 1789 ; c'est lui qui a créé la forêt de Bastard (bois de Pau) et qui entreprit les travaux de desséchement du Pont-Long.

Le jeune Laclède n'avait que 19 ans au moment où s'organisèrent les compagnies franches de la montagne, qui formèrent plus tard le 5ᵉ bataillon des Basses-Pyrénées. A cette époque il avait déjà renoncé à la particule qu'il ne porta plus jamais.

D'une famille très connue et très considérée dans le pays, le jeune volontaire avait reçu une instruction assez soignée pour l'époque ; de plus, son intelligence, sa belle taille et son enthousiasme en avaient, dès l'organisation des gardes nationales, imposé à ses compatriotes de Bedous, qui le nommèrent leur chef.

Après l'affaire de Lescun et la campagne de 1795 en Espagne, Laclède passa à l'armée d'Italie et servit dans une demi-brigade basco-béarnaise.

(*)

Pendant un séjour qu'il fit à Marseille à la fin de la campagne de 1796-1797, il faillit épouser une sœur de Bonaparte.

C'est peut-être sous l'influence de la rupture de ces négociations matrimoniales, qu'il passa à l'armée du Rhin. Toujours est-il que pendant la campagne de Moreau en Allemagne (1800), nous le retrouvons chef d'escadrons au 1er régiment de dragons.

Au moment de la disgrâce du général, l'avancement du jeune chef d'escadrons se ressentit de l'admiration qu'il professait pour ce grand homme de guerre, à la personne duquel il avait été attaché ; cette admiration eût certainement cessé complètement si Laclède n'était mort avant la trahison du général. Quoi qu'il en soit, le commandant parvint à triompher des préventions qui pesaient sur lui. Il fit de nouveau campagne en Allemagne et, en 1808, nous le retrouvons colonel du 6e dragons sous les murs de Saragosse.

C'est pendant le deuxième siège de cette ville qu'il trouva une mort glorieuse.

Il commandait une colonne chargée de prendre le grand pont sur l'Èbre, au Nord de la ville, pont par lequel s'échappaient de nombreux espagnols. Il se trompa de chemin et s'engagea dans une rue sans issue près de la calle dom Gil, qui conduit au pont.

C'est dans cette impasse qu'il tomba de cheval, assommé à coups de pierres et de grosses briques, que des femmes lui jetaient du haut des toits en terrasse. Dégagé par ses hommes, Laclède fut transporté dans une maison qui servait d'ambulance.

Le maréchal Lannes, prévenu aussitôt, et bien que sachant qu'il n'y avait plus aucun espoir de sauver son vaillant lieutenant, fit porter sur son lit de mort les insignes de Général ; et c'est avec ce titre qu'il fut enterré [1]. (Décembre 1808.)

Il avait 35 ans.

Pour honorer le nom de cette famille qui rendit de si grands services au Béarn et à la Patrie, les villes de Pau et Bedous ont toutes deux donné le nom de Laclède à une de leurs rues.

---

[1]. — Ce détail, que je dois à l'obligeance de M. Barberen, d'Oloron, est peu connu et Laclède est toujours resté pour ses compatriotes le colonel Laclède.

ANNEXE IV

Renseignements historiques sur le régiment des Gardes Wallonnes.

Plusieurs corps espagnols portèrent le nom de Gardes Wallonnes. Le régiment qui prit part à l'expédition de Lescun est le premier de ceux qui furent créés. Son origine remonte à 1596.

Réorganisé à Liège en 1702 par décret de Philippe V, sous le nom de « Régiment des Royaux Gardes Wallonnes », il conserva ce nom jusqu'en 1815, époque à laquelle il prit celui de Garde Royale.

Recruté dans les Flandres, il ne tarda pas à avoir besoin de contingents espagnols pour maintenir son effectif toujours saigné à blanc par les nombreuses guerres ou expéditions auxquelles il prit part, et, pendant les guerres de la République, le Régiment n'eut de Wallon que le nom.

C'était un corps d'élite qui « *porta avec honneur son drapeau sur les champs de bataille et qui eut toujours glorieux renom dans l'armée espagnole* ».

Les Gardes Wallonnes portaient le chapeau à plumes et à tresse d'argent. Ils avaient la tunique bleue avec revers et parements rouges, galons et tresse d'argent, gilet rouge, culotte blanche et guêtres bleues à boutons d'argent.

En 1794 le régiment avait deux drapeaux. L'un blanc avec l'écusson royal, l'autre aux couleurs nationales de l'Espagne, rouge et jaune.

ANNEXE V

Biographie du Comte de Castel Franco.

Le Comte, plus tard prince de Castel Franco, naquit en 1740 dans le royaume de Naples et mourut à Madrid en 1815.

Il vint en Espagne sous le règne de Charles III et fut plus tard nommé capitaine général et vice-roi de la Navarre.

En 1793 il reçut le commandement d'une petite armée aragonaise, mais ne fut pas heureux dans ses entreprises ; l'année suivante, après avoir échoué devant Lescun, Castel Franco se porta au secours de la place de Pampelune menacée par le général Moncey et ne réussit pas mieux. A la suite de ses insuccès il abandonna la carrière pour la diplomatie. Ambassadeur à Vienne jusqu'en 1808, il ne paraît pas avoir mieux servi son pays comme diplomate que comme soldat.

Au commencement de la guerre de l'Indépendance, Castel Franco se déclara partisan de Ferdinand VII, ce qui ne l'empêcha pas de reconnaître Joseph Bonaparte à son avènement. Celui-ci l'appela près de lui et en fit un de ses conseillers.

En 1814, au retour de Ferdinand VII, le prince de Castel Franco lui offrit de nouveau ses services qui furent acceptés et il demeura un des fidèles de la nouvelle Cour jusqu'à sa mort.

De tous ses titres, c'est celui de colonel honoraire des Gardes Wallonnes qu'il portait avec le plus de plaisir et de fierté.

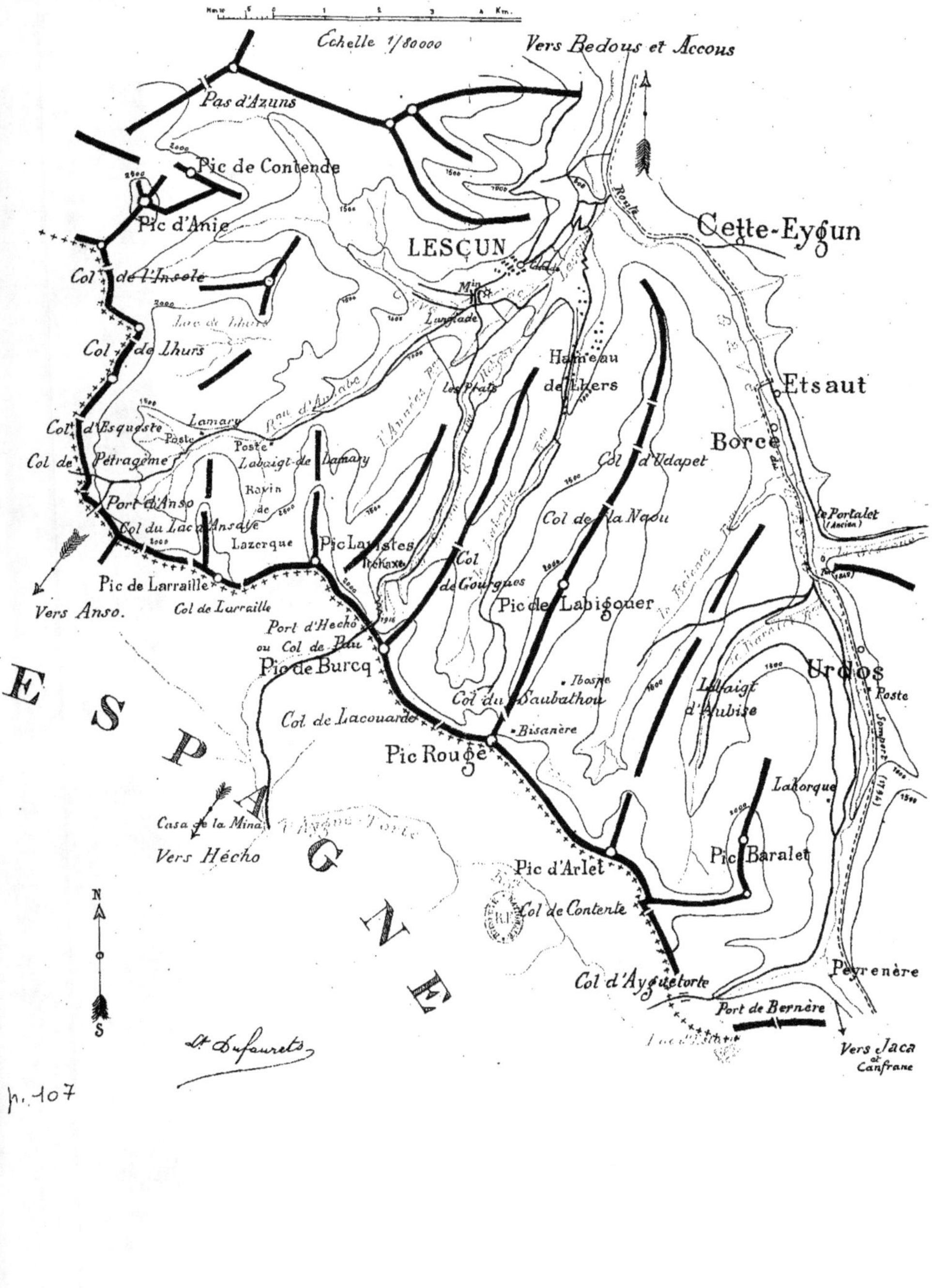

Echelle 1/80000
Vers Bedous et Accous
Pas d'Azuns
Pic de Contende
Pic d'Anie
LESCUN
Cette-Eygun
Col de l'Insole
Col de Lhurs
Hameau de Lhers
Etsaut
Col d'Esquests
Lamary
Poste
Labaigt-de-Lamary
Col de Pétragème
Borce
Col d'Udapet
Port d'Anso
Col du Lac d'Ansaye
Ravin de Lazerque
Pic Laristes
Col de Gourgues
Col de la Naou
le Portalet
Pic de Larraille
Col de Larraille
Vers Anso.
Port d'Hechô ou Col de Pau
Pic de Burcq
Pic de Labigouer
Urdos
Poste
Ibosque
Col du Saubathou
Labaigt d'Aubise
Col de Lacouarde
Bisanère
Pic Rouge
ESPAGNE
Lahorque
Casa de la Mina
Vers Hécho
Pic d'Arlet
Pic Baralet
Col de Contente
Col d'Ayguetorte
Peyrenère
Port de Bernère
Vers Jaca et Canfranc
N
S
St Dufaurets

p. 107

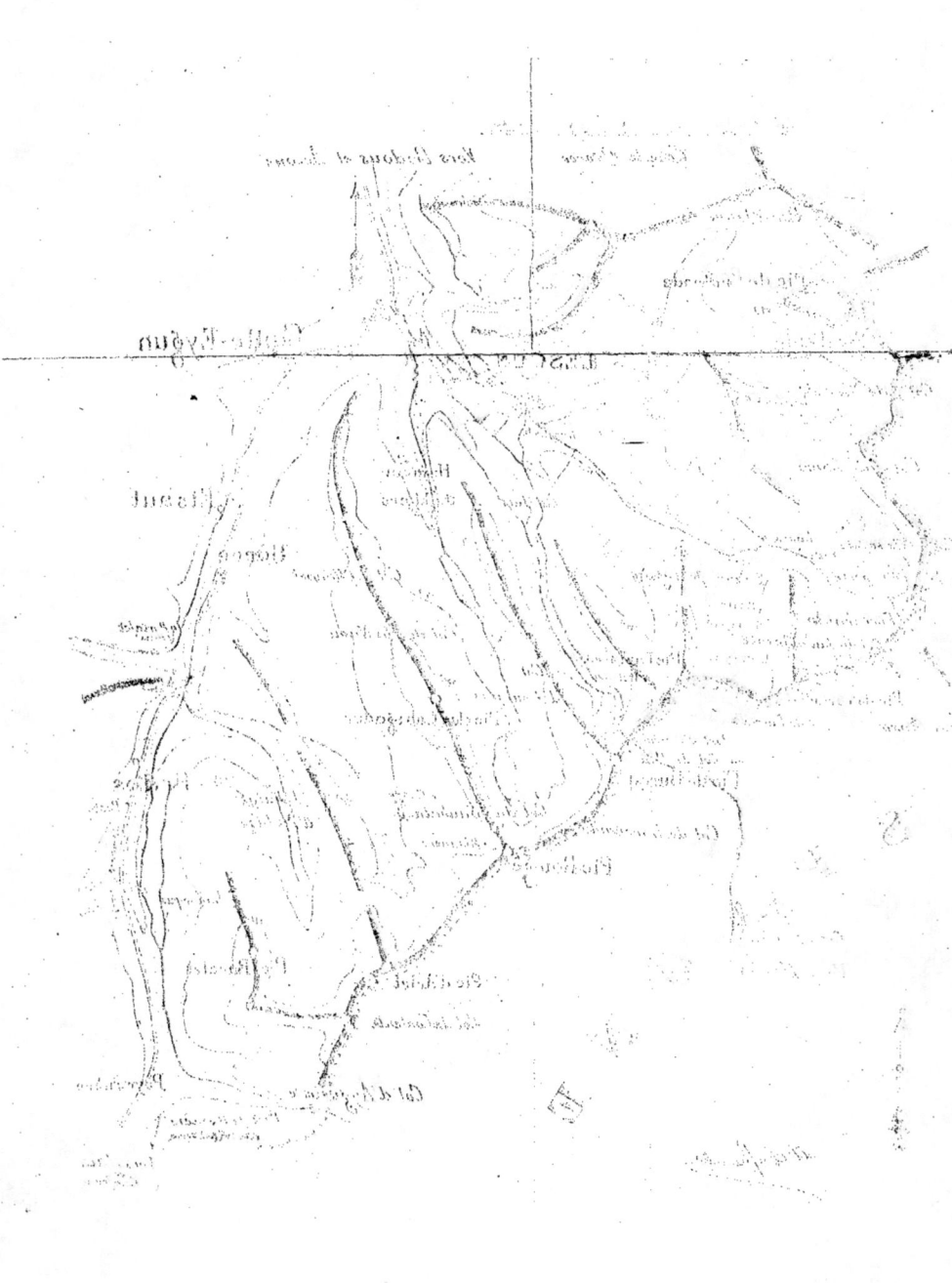

TABLE DES MATIÈRES

	Pages.
Avant-Propos....................................	5
Chapitre I. — Histoire militaire de la Vallée jusqu'au XVIIe siècle.....................	11
Chapitre II. — Du XVIIe siècle à la Révolution.........	23
Chapitre III. — Théâtre d'opérations de 1794..........	31
Chapitre IV. — Organisation militaire de la Vallée de 1792 à 1794......................	39
Chapitre V. — Préliminaires de la bataille de Lescun..	47
Chapitre VI. — Bataille de Lescun..................	53
Chapitre VII. — Enseignements à tirer de la bataille de Lescun.............................	71
Chapitre VIII. — Fin de la Campagne de 1794...........	79
Chapitre IX. — Occupation de la Vallée en 1814.......	85
Chapitre X. — De 1814 à nos jours.................	93
Annexe I. — Délibération des États de Béarn au sujet de l'invasion espagnole de 1585......	97
Annexe II. — État incomplètement reconstitué des officiers du 5e Bataillon des Basses-Pyr...	99
Annexe III. — Biographie de Laclède................	101
Annexe IV. — Renseignements historiques sur le régiment des Gardes Wallonnes.........	104
Annexe V. — Biographie du Comte de Castel Franco..	105

CARTE DU THÉATRE D'OPÉRATIONS

www.ingramcontent.com/pod-product-compliance
Lightning Source LLC
Chambersburg PA
CBHW070523100426
42743CB00010B/1925